Petra Köpping
»Integriert doch erst mal uns!«
Eine Streitschrift für den Osten

Petra Köpping

»Integriert doch erst mal uns!«

Eine Streitschrift für den Osten

4.01.2020

Ch. Links Verlag

Auch als e-book erhältlich

Die Deutsche Nationalbibliothek verzeichnet
diese Publikation in der Deutschen Nationalbibliografie;
detaillierte bibliografische Daten sind im Internet über
www.dnb.de abrufbar.

5., durchgesehene Auflage, Februar 2019
© Christoph Links Verlag GmbH, 2018
Schönhauser Allee 36, 10435 Berlin, Tel.: (030) 44 02 32-0
www.christoph-links-verlag.de; mail@christoph-links-verlag.de
Covergestaltung: Eugen Bohnstedt, Ch. Links Verlag
Satz: Nadja Caspar, Ch. Links Verlag
Druck und Bindung: Druckerei F. Pustet, Regensburg

ISBN 978-3-96289-009-4

Inhalt

Ist nicht alles schon gesagt?
Warum eine Streitschrift über den Osten Deutschlands notwendig ist
7

Totengräber der ostdeutschen Wirtschaft?
Die Treuhandanstalt und die Folgen ihrer Politik
17

Konkrete Folgen der Nachwendezeit
Ungerechtigkeiten, die bis heute bestehen
47

Von Aufstiegen und Abstiegen
Die Entwertung des ganzen Lebens
67

Wo sind die ostdeutschen Eliten?
Warum der Westen noch immer den Osten beherrscht
99

»Es ändert sich doch sowieso nichts« – oder doch?
Folgerungen und Forderungen für den Osten Deutschlands
127

Anhang

Rede zum Politischen Reformationstag der SPD 2016   179

Anmerkungen   190

Literaturverzeichnis   202

Angaben zur Autorin   204

Ist nicht alles schon gesagt?

Warum eine Streitschrift über den Osten Deutschlands notwendig ist

Ich bin in den letzten vier Jahren als sächsische Integrations- und Gleichstellungsministerin im Land viel herumgekommen. Ich habe Hunderte von Gesprächen geführt, in Dutzenden offenen Bürgerrunden gesessen: in aufgebrachten und wutgeladenen Bürgerversammlungen genauso wie mit verzweifelten und hoffnungssuchenden Menschen in meinen Bürgersprechstunden, in Gesprächen am Rande von Veranstaltungen und Demonstrationen oder auch am mittlerweile fast schon legendären »Küchentisch« des sächsischen SPD-Vorsitzenden Martin Dulig.

Und natürlich war ich hier mit vielerlei massiver Kritik, Wut und sogar Hass konfrontiert. Das Thema der Geflüchteten war allgegenwärtig. Ein Zusammenhang wurde schnell hergestellt. Doch es wird dabei oft vergessen, dass die Demonstrationen von Pegida weit vor dem Sommer 2015 starteten, also *bevor* die vielen Geflüchteten ins Land kamen.

Als langjährige Landrätin und Bürgermeisterin entwickelt man sehr feine Sensoren für gesellschaftliche Stimmungen. Dass sich etwas zusammenbraut, habe ich schon vor sehr langer Zeit gespürt. Doch ich hielt vieles davon für das übliche Schimpfen und Murren, wie ich es seit den 1990er Jahren kenne. Immerhin gab es auch große Krisen und Probleme in den letzten Jahren, teilweise ausgelöst durch dubiose Finanzgeschäfte von Banken und Hedge-Fonds, die auch etwa in Sachsen zu Milliardenkosten für die Bürgerinnen und Bürger wegen des Landesbank-Desasters führten. Hinzu kam die vielfache Kritik an der Niedriglohnpolitik und den Hartz-IV-Regelungen gerade in Ostdeutschland.

Doch ich fühlte mich stets in Sicherheit. Sachsen ist ein Bundesland, dem es gut geht. In vielen Umfragen gaben die Leute an, sowohl mit ihrer persönlichen wirtschaftlichen Situation als auch mit der wirtschaftlichen Situation des Freistaats sehr zufrieden zu sein. Leicht schwächere, aber durchaus ähnliche Daten gab es im ganzen Osten. Wir haben in Sachsen die geringste Pro-Kopf-Verschuldung aller Bundesländer in Deutschland, im Osten nahmen wir bislang die beste Wirtschaftsentwicklung. Unsere Kommunen haben enorm viel geleistet, auch wenn sie finanziell nicht immer gut dastehen. Und wenn man durch die Dörfer und Städte fährt, sieht man das auch. Ist damit nicht »alles in Butter«?

Offensichtlich nicht. Irgendwann war es nicht mehr das »normale« Murren und Schimpfen. Es schwoll an in einer ungeahnten öffentlichen Erregung, die sich in Bürgerversammlungen, Demonstrationen und Protestwahl zeigte. Ich ging hin, um mehr zu erfahren und das Gespräch anzubieten. So stand ich auch am Rande vieler Pegida-Demonstrationen. Hier und bei anderen Gelegenheiten kamen viele aufgebrachte Menschen auf mich zu und schimpften auf »die da oben«, auf Flüchtlinge und auf »das System«. Einige meinten, die Stimmung sei die gleiche wie 1989.

Keine leichten Gespräche, die ich und viele andere versuchten zu führen. Doch ich habe die Angewohnheit, dass ich mein Gegenüber meist frage »Wer sind *Sie*?« und damit versuche herauszufinden, welche Menschen eigentlich vor mir stehen. Und fast in allen Fällen war recht schnell nicht mehr die »Flüchtlingsproblematik« das alles entscheidende Thema. Es ging um etwas viel tiefer Liegendes. Etwas Grundlegenderes. Die Flüchtlinge waren der Anlass, doch der Grund der Erregung war bei vielen offensichtlich älter.

Und da war es wieder: Fast alle Gespräche endeten mit den persönlichen Erlebnissen der Menschen während der Nachwendezeit. Obwohl seitdem fast 30 Jahre vergangen sind, offenbarten sich unbewältigte Demütigungen, Kränkungen und Ungerechtigkeiten, die die Menschen bis heute noch bewegen, unabhängig, ob sie sich nach 1990 erfolgreich durchgekämpft haben oder nicht. Es ging in fast allen Gesprächen um Lebensbrüche. Vor allem berufliche, aber auch private.

An einem Tag raunte mir dann ein aufgebrachter Demonstrant zu: »Sie immer mit Ihren Flüchtlingen! Integriert doch erst mal uns!« Diese Aussage brachte es auf den Punkt: Hier geht es anscheinend bei vielen gar nicht um das Thema Flüchtlinge. Diese waren nur Projektionsfläche für eine tiefer liegende Wut und Kritik. Damit will ich überhaupt nicht die vielen echten Rassisten entschuldigen oder relativieren. Die NPD, eine klar antidemokratische und faschistische Partei, hat in Sachsen schon einmal 9,2 Prozent erhalten. Mir ist klar, wir haben ein dramatisches Rechtsextremismus-Problem bei uns.

Und dennoch sah ich bei vielen »besorgten Bürgern« eine andere Motivation: Denn bei diesen Menschen, die reden wollen, zeigt sich schnell, dass ihnen in der Vergangenheit nicht zugehört wurde. Niemand hat ihre konkreten Probleme wirklich ernst genommen. Niemand hat ihre Lebensgeschichten gewürdigt. Niemand ist auf sie eingegangen.

Schon sehr lange wird in Deutschland über Fortschritt, Digitalisierung, Globalisierung und all die anderen Herausforderungen der Zukunft diskutiert. Doch die jüngste Vergangenheit hat bislang niemanden so recht interessiert.

Am Reformationstag, am 31. Oktober 2016, hielt ich meine inzwischen viel zitierte Leipziger Rede. Ich forderte damals: »Die Nachwendezeit muss wieder auf den Tisch!« Wir müssen uns mit den Demütigungen, Kränkungen und Ungerechtigkeiten aus jener Zeit beschäftigen. Wir brauchen eine gesamtdeutsche Aufarbeitung der Nachwendezeit.

Ich bin froh, dass diese Rede einen so großen Widerhall gefunden hat. Ich war mir einerseits sicher, dass ich damit ein wichtiges Thema anspreche. Aber ich war mir andererseits unsicher, wie stark auch andere diese Einschätzung teilen. Und dann zeigte sich: Ich hatte einen wunden Punkt getroffen. Seitdem habe ich Hunderte von Briefen, E-Mails und Nachrichten bekommen, zumeist gefüllt mit Tränen, Wut, Fragen und Hoffnungen. Ich bekam viele Briefe, die mich unterstützen. Übrigens auch aus Westdeutschland. Viele Gesprächspartner waren völlig überrascht, als sie etwa von dem »Problem der geschiedenen Frauen in der DDR« hörten. Davon hatten sie noch nie etwas erfahren. Mancher Journalist schaut nun anders auf Ostdeutschland.

Diese Rede hat eine Debatte angestoßen, die bis heute anhält. Es ist nicht eine dieser schnelllebigen Debatten, die am nächsten Tag durch ein anderes Thema ersetzt wird. Nein, dieses Mal ist es anders: Man redet wieder über den Osten! Und man redet über das Thema der Nachwendeungerechtigkeiten.

Allerdings wurde die Debatte bislang fast ausschließlich im Osten geführt – im Westen hat davon kaum jemand etwas mitbekommen. Im Gegenteil. Im Zuge der Aufmärsche von Pegida und der Wahlerfolge der AfD ergoss sich erneut Spott, Schulmeisterei und Häme über den Osten, was hierzulande zu einer typischen Wagenburg-Mentalität – wie meist in solchen Fällen – führte. In Wagenburgen beginnt man aber keine kritischen Diskussionen unter sich, sondern man verteidigt sich verbissen gegen alle Angriffe. Aber so kommen wir nicht weiter.

Deswegen habe ich beschlossen, ein Buch zu schreiben. Eine Streitschrift für den Osten. Ein Buch, das den Osten versucht zu erklären, aber nicht gegen den Westen gerichtet ist.

Ich weiß: Viele können mit einer Ost-West-Debatte nur wenig anfangen: »Spaltet nicht weiter zwischen Ost und West«, sagen mir immer wieder viele, vor allem jüngere Leute. Andere schrieben mir, man soll doch die Vergangenheit ruhen lassen. Man verstehe nicht, wie das den Leuten helfen solle, wenn man deren durchaus nachvollziehbare Trauer jetzt wiederbelebt und ihnen womöglich falsche Hoffnungen macht. Andere sagen: »Das ist 30 Jahre her, kümmert euch um die Zukunft!« Wieder andere entgegnen: »Es ist zu spät, heute aufzuklären«. Und manche sagten mir, wenn man über das Thema rede, dann öffne man die Büchse der Pandora.

Doch es gibt eine Version des griechischen Mythos, dass aus der Büchse der Pandora eben nicht nur alles Übel in die Welt stieg, sondern auch die »Hoffnung« entweichen konnte und so die Trostlosigkeit auf der Erde ein Ende fand. Das Verschweigen hat nichts geändert. Es ist eben nicht alles in Ordnung.

Und ich spüre, dass die bloße Anerkennung der Probleme als solche schon vielen ostdeutschen Bürgerinnen und Bürgern gut tut – und sie allein dadurch schon eine gewisse Wertschätzung spüren. Nicht alle brauchen das, aber viele erleben das sehr positiv. Es gibt die Bereitschaft, Verhärtung und Sprachlosigkeit zu überwinden. Gewiss, Kränkungen und Scham sitzen bis heute tief. Man redet nicht gerne über die damalige Zeit. Die Bezeichnung als »Wendeverlierer«, »DDR-Nostalgiker« oder »Jammer-Ossis« hat die Leute still und stumm gemacht. Und es machte die Menschen erst richtig wütend.

Viele dieser Menschen hatten schlicht keine Lobby. Ihre Probleme wurden negiert, unter den Tisch gekehrt und mit ihren Biografien entwertet. Was sie zu sagen hatten, war es offenkundig nicht wert, verbreitet zu werden. Diese Erfahrung mussten sie immer wieder machen. Und es wird im Nachhinein oft übersehen, wie hart es viele damals traf. Familien gingen kaputt. Arbeitslosigkeit, Scheidungen und psychische Belastungen – das betraf sehr viele. Heute sind die meisten zwar wieder gesundet, aber der Hass auf »das Westdeutsche« und »die Politik« ist bei nicht wenigen geblieben. Diese Gefühle werden verdeckt von den Umfragen, welche von einer hohen Zufriedenheit der Leute berichten. Es gibt den enormen Anspruch, stolz zu sein auf den Osten. Aber man ist nicht stolz, über den Tisch gezogen worden zu sein. Man ist empfindlich.

Wir konnten miterleben, wie aus der Enttäuschung Verbitterung wurde. Und ich weiß leider auch, dass viele aufgrund der Kränkungen böse, wütend und auch oft ungerecht gegenüber anderen geworden sind, Pöbeleien und Hass freien Lauf ließen. Viele scheinen bereit, sich von der Stimmung anstecken zu lassen, dass man scheinbar das Recht habe, gegenüber anderen Gruppen von Menschen ungerecht zu werden, weil man sich selbst ungerecht behandelt fühlt.

Das Misstrauen ist mittlerweile so groß, dass man leicht denen auf den Leim geht, die weiteres Misstrauen schüren, die behaupten, es gäbe einfache Lösungen. Sie arbeiten mit Angst, Lügen und Halbwahrheiten – wie es damals in der Nachwendezeit manche Betrüger taten, um unnütze Versicherungen oder überteuerte Gebrauchtwagen zu verkaufen. Sie hetzen gegen eine soziale und liberale Demokratie, indem sie an ostdeutsche Frustrationsgefühle appellieren. Wer das zulässt, lässt sich erneut manipulieren.

Alle schlechten Erfahrungen entschuldigen keine faschistischen Positionen. Wer Hass und Rassismus verbreitet und an der Seite jener steht, welche die Demokratie einschränken wollen, wie dies gerade durch Rechtspopulisten in Ungarn, der Türkei oder Polen versucht wird, hat mich zur entschiedenen Gegnerin. Jeder populistischen Neiddebatte gegen schwache Minderheiten wie Flüchtlinge werde ich mich deutlich entgegenstellen.

Doch genauso werde ich mich entgegenstellen, uns Ostdeutsche pauschal als Nazis oder Rassisten abzustempeln. Das ist nicht nur falsch. Es beleidigt all jene, welche sich in Ostdeutschland für den gesellschaftlichen Zusammenhalt engagieren. Und das ist in Sachsen und anderswo zumeist viel anstrengender und aufopferungsvoller als im demokratiegeübten Westen. Zum anderen erreicht man mit derlei Übertreibung das glatte Gegenteil, denn es treibt viele erst recht in die Arme der Rechtspopulisten.

Viele Menschen wissen überhaupt nichts von den Verwerfungen in Ostdeutschland in den 1990er Jahren und sind von den aktuellen Debatten daher überrascht. Da sind zum einen die in Westdeutschland gebliebenen Westdeutschen, die »keinen Schimmer« von den Umbruchzeiten und ihren Folgen haben, wie Markus Decker in der *Berliner Zeitung* treffend schrieb.[1] Dort hat jeder zwar eine Meinung (»haben doch schon so viel bekommen«), aber in den seltensten Fällen faktisches Wissen, was wirklich in der Nachwendezeit passiert ist.

Und dann sind da die vielen jüngeren Ostdeutschen, denn sie haben mit ihren Eltern in der Regel nur selten über diese Zeit gesprochen. Die wichtige Initiative der »Dritten Generation Ostdeutschland«, welche sich den ostdeutschen Generationenaustausch auf die Fahnen geschrieben hatte,[2] machte auf dieses Problem aufmerksam, ist inzwischen jedoch still geworden. Nun kamen die vielen jungen Leute, die in den letzten 30 Jahren in die (westdeutschen und teils europäischen) Großstädte zum Studieren und Arbeiten aus dem Osten weggegangen waren, zu Familienfesten, zu Weihnachten, Geburtstagen und Beerdigungen in den Osten zurück – und beide Seiten waren schockiert über die Diskussionen am Küchentisch in Zeiten von Pegida und Diskussionen über Flüchtlinge. Eltern verstanden ihre Kinder nicht mehr, Kinder brachen mit ihren Eltern.

Auch hier kann eine Debatte über die Nachwendezeit Entscheidendes bewirken: Ein 25-jähriger Student aus Dresden schrieb mir beispielsweise: »Mein Vater war nach der Wende ebenso ein Verlierer des Umbruchs. Wir telefonieren oft, und sehr häufig erzählt er mir, warum er sich mit unserem heutigen System nicht anfreunden kann. Für mich ist das immer schwer zu akzeptieren, da ich nur meine BRD und mein Europa kenne, und ich gerne hier lebe. Ich kenne auch noch weitere Wendeschicksale. Doch es hat sich bei mir im Verlauf der Zeit eines geändert: Wo ich früher aufmerksam zugehört und die Menschen verstanden habe, lasse ich heute die einzelnen Schicksale und die Folgen daraus – mit einer gewissen Arroganz – an mir vorbeiziehen. Bei all meiner Wut auf Pegida und dem Unverständnis für einzelne Menschen habe ich wirklich vergessen und verlernt, zuzuhören und zu verstehen. Das, was ich früher eigentlich getan habe.«[3]

Gerade solche Briefe haben mich darin bestärkt, offen über Erfahrungen, Ereignisse und Geschichten zu sprechen, die eine ganze Generation geprägt haben.

Mich interessiert: Warum sind das Misstrauen in und die Distanz zu Demokratie und Politik in Sachsen und Ostdeutschland so groß? Woher kommt all die Wut? Weshalb sind Rechtspopulisten hier stärker als im Westen? Ich glaube, dass wir keine hinreichenden Antworten auf diese Fragen finden werden, wenn wir uns nicht ehrlich und offen mit der Nachwendezeit beschäftigen.

Wir brauchen die Aufarbeitung. Die Gefühle und Erlebnisse der Nachwendezeit hängen vielen Menschen im Osten wie ein Klotz am Bein. Und sie werden an die Kinder und Kindeskinder weitergegeben, obwohl viele weder die DDR noch die direkte Nachwendezeit bewusst wahrgenommen haben.

Verdrängen hilft nicht. Damit verschwinden die Sorgen ja nicht, sie werden nur hinausgeschoben. Das gilt aber nicht nur für den Osten. Es war ein zentraler Fehler, dass westdeutsch geprägte Eliten und Intellektuelle sowie viele ostdeutsche Nachwendepolitiker sich 30 Jahre faktisch geweigert haben, diese Konfliktlinie zu bearbeiten, die ganz Deutschland und besonders den Osten durchzieht. Gleichzeitig war es der Fehler vieler ostdeutscher Kritiker, selbstbezogen nur immer auf den Osten zu schauen und nicht das Bündnis mit anderen strukturschwachen Gebieten im Westen zu suchen.

Über die Probleme der Nachwendezeit zu reden bedeutet ja nicht, die Deutsche Einheit schlechtzureden. Die Friedliche Revolution und die Wiedervereinigung sind Glücksfälle der deutschen Geschichte, und natürlich ist unheimlich vieles erfolgreich gelaufen. Man denke nur an die Fortschritte im Umweltschutz, beim Ausbau der Infrastruktur, bei der Sanierung der verfallenen Städte, bei der Wiederbelebung der Wirtschaft bis hin zur Ansiedlung moderner Industriezweige. Doch bei alldem dürfen die Menschen nicht vergessen werden, müssen die vorhandenen Gefühle vieler von uns Ostdeutschen ernst genommen werden. Nur wenn Ungerechtigkeiten auch als das benannt werden, was sie sind, und ein Wille erkennbar wird, diese abzumildern, können Demütigungen, Kränkungen und Verweigerungshaltungen überwunden werden. Nur dann kann sich ein demokratisches Gemeinwesen erfolgreich entwickeln. Daher dieses Buch.

Totengräber der ostdeutschen Wirtschaft?

Die Treuhandanstalt und die Folgen ihrer Politik

Wer über die Wut und die Nachwendezeit reden will, hat es einfach: Er muss einfach das Wort »Treuhand« fallen lassen. Beinahe jeder aus dem Osten kann dazu eine Geschichte erzählen. Aber ist dazu nicht längst alles gesagt, fragen manche Westdeutsche? Gibt es keine anderen Probleme als eine Institution, die es seit fast 25 Jahren nicht mehr gibt?[4]

Doch, es ist notwendig! Eine aktuelle Studie im Auftrag des Bundesministeriums für Wirtschaft und Energie stellt fest: »Die Spuren dieser einschneidenden und erbitterten Konflikte um den Übergang von der Plan- zur Marktwirtschaft haben sich tief ins Gedächtnis der damals aktiv *Beteiligten* (aus West *und* Ost) gegraben. Die von den hitzigen Konflikten unmittelbar und mittelbar *Betroffenen* haben die von ihnen nach dem abrupten Ende der DDR erlebten Transformations- und Übergangskrisen keineswegs einfach allmählich vergessen oder verdrängt – ganz im Gegenteil.«[5]

Und warum es notwendig ist, ist ebenfalls recht einfach zu erklären: So wie die Investmentbank Lehman-Brothers zum Symbol für einen Raubtierkapitalismus, und deren Zusammenbruch zur Metapher der Krisenanfälligkeit des Finanzkapitalismus wurde, so ist die Treuhand für uns Ostdeutsche das Sinnbild des knallharten, über Nacht hereingebrochenen Turbokapitalismus Anfang der 90er Jahre. Wenn heute viele über das Misstrauen in Eliten und Institutionen infolge der Finanzkrise und des Zusammenbruchs von Lehman-Brothers klagen, kann ich nur sagen: Genau einen solchen Einschlag haben wir Ostdeutschen schon 20 Jahre früher erlebt.

Wer sich fragt, warum die Demokratieunterstützung in Ostdeutschland niedriger ist als im Westen, der kommt an der Politik der Treuhand, der Art und Weise ihrer Transformation der ostdeutschen Wirtschaft, der Nebenwirkungen auf die Gesellschaft und an ihren Skandalen nicht vorbei.

Wir alle sollten noch einmal neu über die Treuhand nachdenken, immerhin wurde sie für die EU 2015 zum Vorbild für die Lösung der Griechenland-Krise. Auch wenn vielerorts von einer »Treuhand 2.0« gesprochen wurde, vermied man den Begriff vorsorglich.[6] Ich frage mich schon, wie viele im Osten die rigide Treuhand-Politik gegen Griechenland befürworteten, obwohl sie selbst über das Vorgehen und die Folgen der eigenen Treuhand-Politik klagen?

Zum anderen gibt es auch bei uns eine Art »vernebelte Erinnerungskultur«. Die oben genannte Studie schreibt ein wenig wissenschaftlich-verklausuliert, die Treuhand sei »vom kurzfristigen vereinigungspolitischen Blitzableiter« zu einer »erinnerungskulturellen ›Bad Bank‹ geworden, in die viele einstmals direkt oder indirekt betroffene Ostdeutsche ihre weitgehend unverarbeiteten Umbruchserfahrungen mental ›auslagern‹ konnten«.[7] Anders formuliert: Alles, was damals schiefging, wurde einfach mit dem Wort »Treuhand« beschrieben, letztlich aber nie differenziert aufgearbeitet – weder persönlich noch gesellschaftlich. Die Treuhand wurde so zum »negativen Gründungsmythos« Ostdeutschlands, der neben dem positiven Gründungsmythos der »Friedlichen Revolution« stand. Doch während die »Friedliche Revolution« Jahr um Jahr gefeiert wurde, schwieg man über die Treuhand – mit ausgesprochen »bedenklichen Rückwirkungen auf die politische Kultur«.[8]

Dabei ist zuerst festzuhalten – und auch die meisten von uns Ostdeutschen wissen das nicht: Die Treuhand ist keine Westerfindung. Es war die letzte Volkskammer, der klar war, dass man das ostdeutsche Wirtschaftssystem total reformieren musste. Mit der Einrichtung einer Treuhandanstalt wollte man verhindern, dass sich ehemalige SED-Eliten die Filetstücke aus dem damaligen Volksvermögen herausschnitten und überhaupt das Volksvermögen anderweitig verlustig ging.[9] Und in der Tat, schaut man nach Osteuropa, so finden sich dort heute überall reiche Oligarchen, die sich in der damaligen Nachwendezeit durch Korruption, Vetternwirtschaft, Skrupellosigkeit und kriminelle Machenschaften Firmen-Imperien sicherten. Nun mögen manche einwenden: Was macht es für einen Unterschied, ob im Zuge der Privatisierungen westdeutsche Millionäre reicher wurden, oder ob es besser war, ostdeutsche Oligarchen zu verhindern? Aber gerade der Blick auf Osteuropa zeigt, dass jene Oligarchen bis heute den dortigen Demokratien eher geschadet als gut getan haben.

Nach der Entscheidung der schnellen Deutschen Einheit als Beitritt der DDR zur Bundesrepublik übernahmen westdeutsche Politiker das Treuhandanstalt-Konzept: »Altgediente bundesdeutsche Manager und Unternehmer sollten in weitgehender Eigenregie die Planwirtschaft im Modus beschleunigter Massenprivatisierungen durch eine (Soziale) Marktwirtschaft ersetzen«, so der Historiker Marcus Böick. Dies war angelehnt an das Idealbild einer bundesdeutschen »Wirtschaftswunderzeit« unter Ludwig Erhard. Über den Weg einer marktwirtschaftlichen Schocktherapie erhoffte man sich »ein zweites, ein ostdeutsches Wirtschaftswunder«.[10] Man dachte, es läuft wie 1948: Man macht eine Währungsreform, dann sind die Schaufenster wieder voll, und das Wirtschaftswunder kommt. Sehr schnell merkte man jedoch, genau das funktioniert nicht.

Zugleich wurde die Treuhand bewusst politisch so besetzt und ausgerichtet, wie es die wirtschaftsliberale Bundesregierung von CDU und FDP wollte. Der Osten wurde zum Versuchsfeld neoliberaler Politik in einer Art, die damals im Westen auf heftigsten Widerstand gestoßen wäre. Und wir Ostdeutschen waren auf diesen Kapitalismus null vorbereitet, auch wenn viele schnell lernten. So sei er halt, »der Westen«, dachten viele. Konservative Hardliner aus Bayern und Baden-Württemberg frohlockten hingegen, endlich ohne Gewerkschaften, gesellschaftliche Beteiligung und »Sozial-Klimbim« ihre nationalliberale Agenda politisch durchsetzen zu können.

Der Historiker Marcus Böick hat in seiner Darstellung über die Treuhand zudem festgestellt, dass viele Treuhand-Manager aus westfälischen Unternehmen kamen und diese den in ihren Augen »zu sozialen« Strukturwandel im Ruhrgebiet vor Augen hatten, der für viele Ökonomen viel zu langsam und mit teurer staatlicher Subventionierung vollzogen wurde. Eine Wiederholung eines solch langsamen, behutsamen Prozesses wollte man verhindern. Während im Westen ein »sozialdemokratischer«, über die SPD hinausgehender Konsens bestanden hatte, eine einvernehmliche und soziale Lösung in den Regionen des Strukturwandels zu erreichen, gab es im Osten keine Kraft, die sich hier entgegenstemmen konnte.

Die Treuhand hatte außerdem den angenehmen Nebeneffekt, dass sie zum Blitzableiter für die Wut von uns Ostdeutschen wurde. Wenn sie nicht schon vor der Deutschen Einheit gegründet worden wäre, der Machtpolitiker Helmut Kohl hätte sie erfinden müssen. Denn die Folge ist, dass im Anschluss die Deutschen nicht über die strukturellen Ungerechtigkeiten einer marktradikalen Politik redeten, die »Privat vor Staat« und »Jeder ist seines Glückes Schmied« predigte. Auch nicht über Niedriglohn und Niedrigrente. Nein, die Wut richtete sich allein gegen die Manager der Treuhand, aber nicht gegen die marktradikale Politik dahinter. Interessanterweise funktionierte diese Strategie der CDU und FDP auch nach der letzten Finanzkrise: Es war nicht der weitgehend unkontrollierte Finanzkapitalismus als solcher, sondern es waren einzelne Banker und Manager, die moralisch falsch gehandelt hätten.

Bei der Treuhand kam ein grundsätzlicher Strickfehler hinzu: Anders als vom DDR-Parlament gedacht, wurde die Treuhand zur »Anstalt des öffentlichen Rechts« – quasi ohne Aufsicht, eine Art »undemokratische Nebenregierung«[11]. In der schon zitierten Studie wird treffend die bis heute empfundene Ohnmacht im Wirtschaftsumbau in den frühen 1990er Jahren beschrieben, deren Gegenstück in einer »fremden Allmacht« zu finden ist: »Wenn man so will, bündeln sich gerade in den hier untersuchten Rückblicken auf die Treuhandanstalt und ihre Aktivitäten individuelle Überwältigungserfahrungen vieler älterer Ostdeutscher gegenüber einer stets als fern, kalt, anonym und arrogant erlebten Obrigkeit.«[12] Erst als nach 1993 die Massenprivatisierungen der Treuhandpolitik zum überwiegenden Teil schon abgeschlossen waren, kam die Treuhand durch Skandale und Protestaktionen wie in Bischofferode massiv unter Druck. Es waren die unter internationaler Anteilnahme sogar im Hungerstreik befindlichen Kumpel von Bischofferode, welche wenigstens eine leichte Änderung der Politik der damaligen Bundesregierung erzwangen. »Die Politiker in Bonn nahmen erstmals zur Kenntnis, dass die neoliberale Politik der ›Privatisierung um jeden Preis‹ nicht zu ›blühenden Landschaften‹, sondern zur Deindustrialisierung der neuen Bundesländer führen würde.« Es wird oft vergessen, dass erst zu diesem Zeitpunkt erstmals die Forderung politisch unterstützt wurde, wenigstens die industriellen Kerne zu retten.[13] Selbst CDU-Politiker sprachen nun auf einmal von der »kalten Fratze des Kapitalismus«. Das Beispiel Kaliabbau in Bischofferode offenbarte, wie man eine »am Boden liegende Firma aus dem Westen auf Kosten einer ostdeutschen saniert«. »Kein zweites Mal fühlten sich so viele in den neuen Ländern so sehr über den Tisch gezogen. Die Ost-Identität der Neunziger, das Gefühl, verloren zu haben, speiste sich auch aus diesem Fall. Der Schacht im Eichsfeld, ohne trefflichen Grund von der Treuhand geschlossen, damit eine westdeutsche Firma ihre Marktmacht behalten kann.«[14]

Als 2014 die bis dahin geheim gehaltenen Verträge zwischen der Kasseler Kali und Salz AG und der Treuhandanstalt von 1993 von einer Thüringer Zeitung an die Öffentlichkeit gebracht wurden, bestätigten die unglaublichen Vereinbarungen einen jahrelang gehegten Verdacht. Was nur Gerücht gewesen war, stellte sich nun nach mehr als 20 Jahren als Wahrheit heraus: Die Treuhandanstalt hatte dem Konzern K + S die ostdeutschen volkseigenen Betriebe geradezu angedient, der Konzern bemächtigte sich ihrer. Die Gegenleistung: halbgare, nicht eingehaltene Beschäftigungsgarantien. Nicht einmal die Altlasten musste der Konzern tragen, der Freistaat Thüringen zahlt noch heute Millionen für die Umweltschäden. Gab es allerdings mit der Veröffentlichung der geheimen Verträge einen bundesdeutschen Aufschrei? Eine Intervention des Bundespräsidenten? Eine aktuelle Stunde im Bundestag? Nein, gab es nicht.

»Man hat potenzielle Ostkonkurrenz beiseitegeräumt«

Und ich glaube, am Beginn einer Aufarbeitung muss es ein Geständnis der westdeutschen Politik und der Wirtschaft geben: Ja, im Osten haben westdeutsche Unternehmen sich in hohem Maße eine potenzielle Konkurrenz vom Hals gehalten. Die ostdeutsche Nachfrage war wichtig, das ostdeutsche Angebot wurde beiseitegedrängt.

In der Rückschau erscheinen alle Unternehmen als bankrott oder ruinös. Doch es existieren eben sehr viele glaubhafte Berichte, dass manche dieser Unternehmen hätten gerettet werden können – und bei manchen Käufen westdeutsche Unternehmen nur den Markt bereinigten und sich so einer billigen Konkurrenz entledigten.

Für den bekannten wirtschaftsliberalen Ökonom Hans-Werner Sinn, bis 2016 Präsident des Münchner Ifo-Instituts für Wirtschaftsforschung, ist völlig klar, dass viele westdeutsche Firmen »die ostdeutschen Firmen häufig nur [gekauft hätten], um potenzielle Konkurrenten aus dem Ausland gar nicht ranzulassen. Häufig wurden die Firmen einfach dichtgemacht anschließend. Das war ein großes Versäumnis der deutschen Vereinigungspolitik.«[15] Von 1600 bis Ende April 1991 verkauften Unternehmen gingen mehr als 1500 an westdeutsche Unternehmen und kaum an ausländische Unternehmen.[16]

Der Historiker Philipp Ther hat in seinem Buch über die »neue Ordnung auf dem alten Kontinent« die volkswirtschaftlichen Gründe dafür beschrieben: Es waren durch den Zusammenbruch des gesamten Ostblocks auf einmal einfach zu viele ostdeutsche und osteuropäische Unternehmen auf dem Markt, so dass infolge dieses Überangebots Unternehmen verschleudert worden seien. Deshalb habe es fast zwangsläufig Marktbereinigungen zum Wohle westdeutscher Investoren gegeben. Es sei oftmals darum gegangen, einen potenziellen Konkurrenten vom Markt zu drängen.[17]

Nehmen wir die ehemalige Margarethenhütte im ostsächsischen Großdubrau. Sie war damals Arbeitsstätte für 800 Menschen in einer strukturschwachen Region bei Bautzen. Diese Keramikfabrik hat zu DDR-Zeiten Hochspannungs-Isolatoren hergestellt, die zu 80 Prozent in die ganze Welt, und also auch in den kapitalistischen Westen exportiert wurden. Laut den damaligen Ingenieuren war die Fabrik mit modernen Maschinen aus der Schweiz ausgestattet.

Wahrscheinlich war vielen Mitarbeitern nach der Wiedervereinigung klar, dass einige Arbeitskräfte wegfallen würden. Aber die meisten waren eben doch überzeugt, dass man für die neue Zeit gut aufgestellt sei.

Plötzlich hieß es aber über Nacht, der Betrieb müsse geschlossen werden. Es wurde behauptet, alles sei völlig veraltet und marode. Doch das ist nicht alles: Die ehemaligen Ingenieure erzählten mir, wie nachts die wichtigsten Betriebsunterlagen und Porzellan-Rezepturen sowie die letzten Mitarbeiterlöhne samt Tresor weggeschleppt und auch die wichtigsten Maschinen ausgebaut wurden. Ich kann nur wie die ganze Belegschaft vermuten: Das geschah zugunsten der Konkurrenz.

Bis heute erleben die Betroffenen die Ereignisse von damals als Betrug: Als Betrug an ihrer Region und ihrem Leben. Als Betrug von westdeutschen Kapitalisten an ostdeutschen Arbeitern, die damals hoffnungsfroh in die Deutsche Einheit starten wollten. Aber eben auch als Betrug an ihrer Lebensleistung, denn die neuen, meist westdeutschen Eigentümer hatten auch ihre Entwicklungsleistungen wie zum Beispiel die Patente einfach mitgenommen. Die ostdeutschen Entwickler blieben zurück und standen vor dem Nichts.

Häufig habe ich den Satz gehört: »Ich will einfach nur wissen, wie es war, ich will, dass man darüber spricht, ich möchte Genugtuung.« Diese Forderung kann ich nur allzu gut verstehen: Es geht gar nicht immer um Wiedergutmachung im materiellen Sinne und oft auch nicht im strafrechtlichen Sinne, sondern um Aufarbeitung. Warum halte ich das für notwendig?

Ich kann es aus meiner vielfachen Erfahrung nur bestätigen: Wo immer die Treuhandanstalt ungerechtfertigt Werke schloss und Brachen hinterließ – zu wessen Gunsten auch immer –, habe ich viel Frust erlebt, gerade von Personen in Gegenden, die nie mehr wirklich auf die Beine kamen. Als ich damals Großdubrau besuchte, sagte der Bürgermeister mir zunächst, dass eine ganze Generation seine Region verlassen habe: All jene, die noch einigermaßen flexibel waren, sind weg. Bei der Veranstaltung selbst hatte ich erwartet, mir würde mit dem Abstand der Vergangenheit berichtet, wie es gewesen ist und was das Problem war. Aber ein großer Teil der Belegschaft war gar nicht erst gekommen. Sie konnten es nicht, die Erinnerungen waren zu schmerzhaft.

Einer, der nach der langen Zeit doch anwesend und zu sprechen bereit war, erzählte, dass seine Familie zerbrach, weil er arbeitslos geworden war. Er musste lange psychologische Behandlungen über sich ergehen lassen, weil er es nicht verkraftet hat, als Familienoberhaupt versagt zu haben. 28 Jahre später stand dieser gestandene Mann vor mir und versuchte, die Geschichte von damals zu erzählen. Er brach ab. Er verließ den Raum. Unter Tränen.

Die Ereignisse von damals sind nicht vergessen. Sie prägen bis heute tief die Biografien und damit die jeweiligen Regionen. Und wer nicht vergessen kann, verzeiht auch nicht. Die AfD erzielte bei den Bundestagswahlen 2017 in Großdubrau 42,4 Prozent.

Und so gibt es viele andere und viele ähnliche Schicksale. Natürlich sagen manche auch: Lasst doch Gras über die Sache wachsen. Es sei zu spät, für Aufklärung zu sorgen. Es sei doch sowieso schon alles strafrechtlich verjährt. Ich aber glaube, das ist nicht der richtige Weg. Ich glaube, Genugtuung kann eben auch darin bestehen, darüber zu reden, wie es damals war. Auszusprechen, dass da womöglich Unrecht getan wurde. Doch diese Art von Rehabilitierung gibt es bis heute nicht. Im Gegenteil wird ihnen von vielen Westdeutschen gesagt, es sei damals alles alternativlos gewesen; und man müsse ja auch immer noch für den Osten den Soli zahlen. Den zahlen allerdings auch wir Ostdeutsche, was viele im Westen nicht wissen.

Ich möchte, dass sich Historiker oder lokale Geschichtswerkstätten an die Sache setzen und diese Fälle aufarbeiten. Ich könnte mir die Finanzierung von lokalen Aufarbeitungs- und Versöhnungskommissionen vorstellen, wenn dies Bürgerinnen und Bürger vor Ort wünschen. Solche »Wahrheitskommissionen« sind keine Gerichte, wie dies Vordenker solcher Modelle formulierten. »Gerichte ermutigen Menschen, ihre Schuld zu bestreiten. Die Wahrheitskommission lädt sie ein, die Wahrheit zu sagen. Vor Gericht werden Schuldige bestraft, in der Wahrheitskommission werden Reuige belohnt.«[18] Dies wäre auch aus einer anderen Tatsache heraus sinnvoll: Wie der Historiker Marcus Böick daran erinnerte, hat der damalige Präsident der Treuhand, Detlev Rohwedder, im Oktober 1990 für seine Direktoren und Niederlassungsleiter eine Haftungsfreistellung erwirkt.[19]

Auch können die Treuhandakten endlich manches ans Tageslicht bringen, auch wenn die letztliche »Wahrheit« vielleicht nie erbracht werden kann. Verwehren wir den Betroffenen aber die Akten, werden wir ihr Vertrauen in den Rechtsstaat, in die Demokratie und auf Gerechtigkeit nicht wiedergewinnen. Es geht hier auch um die Ehre von uns Ostdeutschen. In Großdubrau gibt es diesbezüglich Hoffnung: Es hat sich ein Verein gegründet. Hier arbeiten Bürgerinnen und

Bürger vor Ort ihre Geschichte und die ihres ehemaligen Betriebes auf. Das müssen wir unterstützen.

Doch es bleibt der bittere Beigeschmack: Mancher Betrieb und Firmensitz würde heute im Osten noch bestehen. Die westdominierte Politik hat allerdings diese Marktbereinigung gedeckt: Im Westen sollte sich möglichst nichts ändern. Man hatte Angst um die politischen Mehrheiten im Land. Eine Gefährdung westdeutscher Arbeitsplätze durch vielleicht sogar staatlich geförderte Unternehmen im Osten? Das Szenario hatte keine Chance. Ostdeutsche Unternehmen als Sprungbretter ausländischer Unternehmen auf dem deutschen Markt? Genau das sollte verhindert werden.

Doch kann man das den westdeutschen Unternehmenschefs und Betriebsräten übelnehmen? Ich denke nicht. Würden heute ostdeutsche Betriebsräte anders reagieren, wenn es um ein Konkurrenzunternehmen in Polen ginge? Ich denke, nein.

Es muss aber einfach mal gesagt werden dürfen: Der Osten hatte mehr Potenzial gehabt, doch viele Chancen wurden aktiv durch westdeutsche Unternehmen kaputt gemacht. Jeder Westdeutsche, der hämisch oder (zu Recht) erschrocken auf das AfD-Ergebnis in Großdubrau schaut, sollte das in Zukunft bedenken.

Ich wünsche mir das Geständnis der westdeutschen Politiker: Die schnelle Währungsunion, die Ausrichtung der Treuhand und viele andere Instrumente der Nachwendezeit wurden – natürlich, muss man sagen – nicht »zum Wohle« Ostdeutschlands gemacht, sondern gehörten zu einer Politik, um westdeutsche Bürger vor den Konsequenzen der Wiedervereinigung zu schützen. Das ist überhaupt nicht kritikwürdig: Die Abgeordneten wurden in Westdeutschland von Westdeutschen gewählt. Die Treuhandpolitik war entsprechend stark von westdeutschen Interessen geprägt. Man sollte dies nur einmal laut aussprechen und nicht durch lautes Feiern zur Deutschen Einheit zu überdecken versuchen.

Es ist auch Fakt, dass bei dieser Privatisierung im Schnellverfahren die ostdeutsche Gesellschaft nicht ausreichend einbezogen wurde. Man hätte die Aufbruchsstimmung stärker nutzen und die ostdeutsche Bevölkerung im Zuge der Privatisierung des einstigen Volkseigentums stärker beteiligten müssen. Die wenigsten Belegschaften konnten bei der Zukunftsplanung ihres Betriebs mitreden.

Die Treuhandpolitik hat zwar unter dem Strich auch einige starke, überlebensfähige ostdeutsche Unternehmen hervorgebracht. Aber letztlich bedeutete sie einen enormen Vermögenstransfer von Ost- nach Westdeutschland.

Die Herkunft entscheidet

Diese Treuhandpolitik führte letztendlich dazu, dass 85 Prozent der von der Treuhand verwalteten Betriebe an westdeutsche Eigentümer gingen. Natürlich gab es viele ostdeutsche Selbständige und Unternehmer, die sich aus dem Nichts einen mehr oder weniger bescheidenen Wohlstand seit 1990 aufgebaut haben. Allein im Jahr 1990 wurden ca. 60 000 neue Unternehmen im Osten gegründet.

Sie hatten allerdings einige Startschwierigkeiten: Es existierte fast kein Privatvermögen oder gar Erbe wie im Westen, auf dem man eine Existenzgründung aufbauen konnte. Ostdeutsche Gründer nahmen das volle Risiko auf sich und hatten gleichzeitig große Probleme, an Kredite zu kommen, während manch westdeutscher Glücksritter beinahe jede Förderung bekam – und nicht selten in den Sand setzte.

Ich erinnere mich, dass wir damals im mittelsächsischen Colditz ein Konzept für eine Fabrik hatten, die hochwertiges, spülmaschinenfestes gastronomisches Porzellan in alle Welt geliefert hatte. Doch der Betrieb hat einfach keine Kredite bekommen. Er ist an der Finanzierung gescheitert, nicht am Konzept oder am Kaufpreis. Die Treuhandanstalt hat dann die Fabrik an einen westdeutschen Unternehmer verkauft: für eine Mark. Seit 2006 sieht man an der Stelle des einstigen Colditzer Porzellanwerks nur noch eine Brache.

Aus meiner Zeit als Landrätin kenne ich viele Fälle, bei denen ostdeutsche Aufbauwillige von der Treuhandanstalt andere Kaufsummen genannt bekamen als westdeutsche Unternehmer. Es war klar, dass wir Ostdeutschen aufgrund unserer geringeren Kreditwürdigkeit diese Summen nicht aufbringen konnten, es sei denn, man brachte einen westdeutschen Bürgen bei. Kam wer direkt aus München oder Hamburg, war das oftmals genug Kreditwürdigkeit. Die Herkunft entschied.

Ganz im Gegensatz zu unseren Nachbarländern wurden ostdeutschen Bewerbern keine Vorzugsbedingungen gegenüber westdeutschen und ausländischen Investoren eingeräumt. Doch die Möglichkeit bestand: Das sogenannte *Management-Buy-out* bezeichnet eine Unternehmensübernahme, bei der das bisherige Management die Mehrheit des Betriebes von den bisherigen Eigentümern erwirbt. Das heißt, Ostmanager oder Ingenieure übernehmen die Betriebsleitungen von der Treuhand. Dieser Weg stieß bei der Treuhand allerdings meist auf Abwehr, denn bis sich potenzielle Käufer von der Treuhand, den Banken und der Gauck-Behörde auf politische Unbedenklichkeit hatten untersuchen lassen, waren manche Betriebe schon verkauft. Bis 1994 fielen 80 Prozent des von der Treuhandanstalt verwalteten ostdeutschen Produktionsvermögens an westdeutsche, 14 Prozent an ausländische und sechs Prozent an ehemalige DDR-Bürger.[20]

Gleichzeitig tauchten damals überall Glücksritter und Betrüger auf. Diese waren keine Einzelfälle. Wie viele von uns Ostdeutschen wurde damals zum Beispiel mit übertueren, schrottreifen Gebrauchtwagen, unnützen Versicherungen oder unseriösen Geldanlagen über den Tisch gezogen? Oder von Antikmöbelhändlern, die das Unwissen der Leute ausnutzten und hängerweise Mobiliar aus den ostdeutschen Städten und Dörfern wegfuhren? Das hinterließ manchmal erst viel später ein Gefühl der Demütigung.

Viele Leute fragten sich: Und das soll Demokratie sein? Das Gefühl wirtschaftlicher Unsicherheit hat das Vertrauen in die Demokratie nachhaltig beschädigt. Diese Reaktion war vielleicht verständlich, aber eigentlich falsch. Denn es war nicht die Demokratie, die das möglich machte. Es war eben gerade ein sehr schwacher, sich gerade neu aufbauender Staat, der sich nicht um die Bürger vor Ort kümmerte und die Auswüchse des Umbruchs bekämpfte. Und es lag daran, dass eine Treuhandanstalt schalten und walten konnte, ohne demokratisch kontrolliert zu werden, was wiederum eine bewusste politische Entscheidung der CDU/FDP-Regierung war.

Es ist unbestritten, dass in der Kürze der Zeit und bei der nur mangelhaften Ausstattung der Behörden die Angreifbarkeit für kriminelle Machenschaften groß war. Die Leuna-Affäre oder der große Treuhand-Skandal von Halle wurden medienwirksam aufgearbeitet und trugen zum katastrophalen Image der Treuhand bei. Selbst der Bundesrechnungshof attestierte der Treuhandanstalt immer wieder ein »mangelhaftes Controlling«. Immerhin beschäftigten einige Betrugsfälle mehrere Untersuchungsausschüsse des Bundestages und der ostdeutschen Bundesländer. Doch oftmals sind Akten verschwunden, bleiben Protokolle unter Verschluss und Strafzahlungen für gebrochene Jobzusagen größtenteils unbeglichen. 1998 schätzte der Bundestagsuntersuchungsausschuss das Volumen des veruntreuten Geldes auf drei bis zehn Milliarden DM. Genaue Statistiken gibt es nicht.

Ich wünsche mir daher ein weiteres Geständnis, eher ein ostdeutsches, in dem Sinne: Es war ein Fehler, dass wir damals so naiv waren. Wir hatten (zu Recht) Angst vor ostdeutschen SED- und Stasi-Seilschaften und haben uns zugleich von westdeutschen Betrügern und Glücksrittern über den Tisch ziehen lassen.

Die Arroganz der Sieger

Ich glaube, es hat ein weiteres Geständnis zu folgen: »Wir Westdeutschen waren damals oftmals zu arrogant und haben die Befindlichkeiten der Ostdeutschen abgetan.« Der in Ostdeutschland geborene und in Westdeutschland arbeitende Historiker Marcus Böick sagte dazu knapp: »Wir brauchen endlich die Grundlage für eine Debatte, in der die Ostdeutschen nicht immer nur die Bösen sind.«[21]

Als ich noch Bürgermeisterin einer kleinen Gemeinde bei Leipzig war, zu deren Gemarkung die großen Braunkohlengruben südlich der Messestadt gehörten, durfte ich als »Ehrenbergfrau« der sogenannten »feierlichen Sprengung« der letzten Bergbaugeräte am neu entstehenden Störmthaler See beiwohnen. Den Bergleuten neben mir, die seit Jahrzehnten dort gearbeitet hatten und jede Schraube der Bagger kannten, standen die Tränen in den Augen. Doch das waren keine Tränen der Freude über das Ende der Landschaftszerstörung, das waren Tränen der Trauer und der Perspektivlosigkeit. Ich weiß, viele haben das bis heute nicht verarbeitet. Viele sind für immer arbeitslos geblieben. Sie waren einstmals »Helden der Arbeit«, und nun nannte man sie Umweltzerstörer. Es geht hier nicht um die Position für oder wider Braunkohle. Es geht darum, zu verstehen, wie diese Menschen den Start in die Marktwirtschaft erlebt haben: als knallharten Abbau ihres bisherigen Lebens. Es passierte alles faktisch über Nacht. Hunderttausende Menschen wurden schlagartig arbeitslos. In den Braunkohletagebauen standen die Bagger noch an der Bruchkante. Die Bergarbeiter stiegen aus ihren Maschinen – und das war's. Anders als im westdeutschen Bergbau wurde nicht mit Bedacht etwas Neues aufgebaut, sondern in einer Art Turbokapitalismus der Nachwendezeit alles einfach abgeräumt. Es wurde keine Trauerarbeit geleistet, und die Menschen wurden selten mit in die Zukunft genommen. Die Niederlage des Staates wurde im Osten in individuelle Niederlagen umgewandelt.

Im Ruhrgebiet hingegen ergab sich eine einvernehmliche Lösung über staatliche Subventionierung. Hier gab es das Gegenteil von Entwertung, eine öffentliche Anerkennung, was Bergleute geleistet haben. Selbst zur letzten Schließung wird wahrscheinlich noch einmal hervorgehoben, was der Bergbau für die Region getan hat.

Und damit entstand der Eindruck: Im Westen wird man also als Bergmann geehrt, im Osten war man auf einmal Umweltzerstörer und wurde als »unwirtschaftlich« entlassen. Wobei natürlich auch der Westen stetig über seine Kohlesubventionen gestritten hat, doch gerade in Nordrhein-Westfalen schützte die Bergleute ein gesellschaftlicher Konsens. Das blieb den Ost-Kumpels nicht vergönnt: Eine ähnlich solidarische Behandlung der Kohlekumpels sollte durch die Schocktherapie gerade verhindert werden.

Dass inzwischen eine neu entstandene Seenlandschaft in Ost- und Westsachsen touristische Anziehungskraft, Natur und viele neue Arbeitsplätze in die Region gebracht hat, ist das eine. Wo früher die Industrieschlote rauchten, fahren heute Segelboote. Das ist schön, jubeln die Tourismusmanager. Es ist aber auch tragisch, sagen die Bergleute.

Mir geht es an dieser Stelle um die Wertschätzung und Anerkennung der Lebensleistung der Menschen im Osten. Von manchen wird der wirtschaftliche Zusammenbruch 1990 als normale »schöpferische Zerstörung« beschrieben, wie sie nun mal im Kapitalismus stattfindet. Doch diese allein auf ökonomischen und manchmal noch ökologischen Argumenten erfolgte Zuschreibung macht Millionen von Beschäftigten zu bloßen Kollateralschäden. Doch gerade weil die Arbeitsstelle in der DDR einen enorm wichtigen Stellenwert hatte, resultieren aus der Ignoranz gegenüber dem Schicksal vieler Ostdeutscher nachhaltige Kränkungs- und Demütigungsgefühle. Und selbst bei jenen, die sich letztlich wirtschaftlich erfolgreich durchgekämpft haben, steckt weiterhin dieser Stachel im Fleisch.

Viele im Westen wissen zudem nicht: Der Betrieb bedeutete im Osten nicht nur den Arbeitsplatz. Er beinhaltete viel mehr. Er war Anknüpfungspunkt für den Sportverein, das Kulturhaus, die Apotheke und das gesamte soziale Umfeld. Nicht nur der Betrieb wurde also nach 1990 geschlossen, sondern auch das soziale Umfeld litt darunter. Vieles verschwand von einem Tag auf den anderen.

Wenn ich zu Gesprächsrunden durch das Land reise, wird mir oft vorgehalten, auch im Westen habe es Strukturwandel gegeben. Die ehemalige Ministerpräsidentin von Nordrhein-Westfalen, Hannelore Kraft (SPD), hat angesichts der problematischen Situation in NRW stets wiederholt, nun sei auch mal der Westen dran. Ja, wir Ostdeutschen müssen anerkennen, dass auch Bottrop, wo Ende 2018 das letzte Steinkohlebergwerk im Ruhrgebiet schließen wird, und dass auch Gelsenkirchen oder Mannheim einen enormen Strukturwandel hinter sich haben. Im Saarland haben wir Ähnliches gesehen. Doch die Radikalität des Strukturwandels ist wohl ebenso wenig vergleichbar wie dessen Tempo und der tornadoähnliche Wirbel, der parallel zur veränderten Arbeitswelt durch alle Lebensbereiche zog. Wenn man Ostdeutschland vergleicht, dann gleicht es eher der neoliberalen Schocktherapie in Großbritannien unter Margaret Thatcher. Am Ende dieser Entwicklung steht der Brexit.

Jana Hensel schrieb in der *Zeit:* »Betrachtet man die Zahlen und Statistiken aus den neunziger Jahren für Ostdeutschland, stößt man überraschend oft auf Superlative und Rekorde, die allesamt eine Abwärtsbewegung beschreiben: Nirgendwo im Ostblock brach die Wirtschaft nach 1989 so stark ein wie hier, nur Bosnien und Herzegowina wiesen ähnliche Zahlen auf – nach dem Jugoslawienkrieg.« Allein 1,4 Millionen Ostdeutsche seien bis 1993 in den Westen gegangen; eine vergleichbar hohe Wanderungsbewegung habe »es in Europa seit 1945 nicht gegeben«. Dazu kam ein »demographisches Beben«: »War 1989 der Anteil von jungen Menschen deutlich größer und der Anteil der über 64-Jährigen deutlich kleiner als im Westen, kehrt sich dieses Verhältnis binnen weniger Jahre um. Eine derart schiefe Entwicklung in solch kurzer Zeit gab es nie (…). 1994 gab es in den neuen Ländern 79 000 Geburten, eine Geburtenrate von 0,77 Kindern je Frau; kein Staat außer dem Vatikan hat je eine derart niedrige Zahl registriert.«[22]

Wie krass diese Einschnitte waren, habe ich selbst damals kaum bewusst und reflektiert wahrgenommen. Ich glaube, so ging es den meisten. Zur Wendezeit war ich 30 Jahre alt, hatte drei Kinder und musste mich um meine persönlichen Alltagsprobleme und meine Existenz kümmern. Schließlich waren wir Frauen es auch gewöhnt, für unsere Familien selbst mit zu sorgen. In jeder Familie gab es damals solche Umbrüche. Alle mussten sich quasi neu erfinden. Ich behaupte, dass es nie eine gesellschaftliche Umwälzung gab, bei der sich wirklich nahezu alle derart viel bewegt haben, ja bewegen mussten. Für die im Osten Gebliebenen änderte sich von einem Tag auf den anderen quasi alles. Der Ausweis, die Postleitzahl, die Versicherungen, die Autos samt ihren Kennzeichen. Die Kinder gingen in andere Schulen, das Geld wurde getauscht, es gab neue Zeitungen und neue Behörden. Das war natürlich die Konsequenz, da wir Ostdeutschen schnellstmöglich westdeutsch werden wollten.

Das war grundsätzlich und im Nachhinein nicht nur schlecht! Aber Zeit, sich beispielsweise politisch zu engagieren, hatte kaum jemand. In meiner Generation, die sich erst eine neue berufliche Existenz aufbauen musste, schon gar nicht. Deswegen hat es nur kleinere Demonstrationen gegen die Treuhand gegeben, und diese blieben ohne Wirkung. Jeder musste zusehen, wo er bleibt. Den Leuten wurde gesagt: »Euer System ist gescheitert, es bleibt nichts anderes übrig, als die maroden Betriebe abzuwickeln.« Die Resignation speiste sich aus der Erkenntnis, dass der Kapitalismus wohl so sei, man habe ihn ja gewollt und gewählt. Das bekomme ich heute manchmal noch gesagt: Was ich denn eigentlich wolle, es gab doch mit der neu gewonnenen Demokratie die Möglichkeit, sich zu äußern und zu protestieren! Doch ein bürgerliches Verständnis, sich gegen Missstände zu wehren, war ja kaum entwickelt. Es herrschte größtenteils eine bestimmte Gutgläubigkeit bis hin zur Naivität.

Wenn man das mit den Ereignissen vergleicht, die heute den Wirtschaftsstandort Sachsen in Atem halten, weil Werke in Görlitz oder Niesky geschlossen werden sollen, findet man zum Glück mittlerweile ein anderes Verhalten vor. Es ist eine neue Qualität, wenn sich Mitmenschen mit den Siemens-Mitarbeitern solidarisieren. Das war Anfang der 90er Jahre so nicht vorhanden.

Vielfach wird mir entgegengehalten, wir hätten doch so viele Transferleistungen aus dem Westen erhalten. Ich frage dabei stets zurück: Wie viel kostete eigentlich der Strukturwandel West, egal ob in Bayern, im Ruhrgebiet oder an der Nordseeküste? Und wem gehört heute der Osten? Ist es nicht eher ein großer Vermögenstransfer von Ost- nach Westdeutschland gewesen? Man sehe sich nur um, welche Häusermeere in ostdeutschen Großstädten weitestgehend westdeutschen Unternehmern und Privateigentümern gehören. Das ist keine Schande, so funktioniert der Kapitalismus, aber ich habe den Eindruck, die Nachwendezeit sollte allein als Erfolgsgeschichte für den Osten erzählt werden – vielleicht mit kleineren Schönheitsfehlern. Und wir Ostdeutschen sollen froh sein, dass der Westen uns alimentiert hat – und ansonsten sollen wir bitte nun für immer schweigen.

Wie gehen wir mit dem Erbe um?

Deshalb will ich weiter Fragen stellen. Wie war es wirklich? Wie waren die volkseigenen Betriebe und Kombinate 1989/90 tatsächlich aufgestellt? Waren sie alle marode, oder rechnete man sie schlecht? Hätten manche wirklich gerettet werden können, oder bleibt das die Behauptung von Ahnungslosen? Was geschah mit den Betrieben während der Wiedervereinigung? Die Treuhandakten sind, ähnlich dem Kalivertrag aus Bischofferode, noch weitgehend verschlossen. Ich glaube, wir wissen es derzeit einfach nicht. Niemand weiß es. Aber wir möchten es gern wissen.

Der Historiker Constantin Goschler schrieb 2017 in der *Frankfurter Allgemeinen Zeitung,* dass man eigentlich bisher nur im Nebel stochere: »Seriöse wissenschaftliche Untersuchungen [ließen sich] mangels Aktenzugang bislang kaum anstellen. Dabei besitzt das Thema vor allem in Ostdeutschland erhebliche Sprengkraft, und vermutlich beeinflusst es auch politische Präferenzen und das entsprechende Wahlverhalten. Denn die Erfahrung der massenhaften Privatisierung und ›Abwicklung‹ reichte in Ostdeutschland in alle Lebensbereiche hinein. Sie prägte gleichermaßen das Verhältnis zur Marktwirtschaft wie zur Demokratie und bildet ein schier unerschöpfliches Reservoir ressentimentgeladener Anekdoten.«[23]

Nun war Forschung über die Treuhandakten bislang kaum möglich. Es gibt riesige Aktenbestände der Treuhand und von ihr abgewickelter Unternehmen, insgesamt mehrere Dutzend Kilometer lang. Erst seit kurzem beginnt nun das Bundesarchiv mit ihrer Prüfung und Erschließung. Die Bestände waren allerdings 30 Jahre komplett unter Verschluss und bis vor kurzem nicht zugänglich, weil die damalige CDU/FDP-Bundesregierung einen Großteil der Dokumente als Verschlusssachen eingestuft hat. Vielfach scheinen es sogar die Treuhandmitarbeiter selbst gewesen zu sein, die festlegen konnten, was mit welchen Schutzfristen weggeschlossen werden sollte.

Inzwischen werden die Akten schrittweise von der Treuhandnachfolgebehörde BvS[24] ans Bundesarchiv überführt, wo 2016 mit ihrer Aufbereitung begonnen wurde, damit sie auch von der Öffentlichkeit genutzt werden können. Allerdings wird der Aufbereitungsprozess mindestens bis 2024 dauern. Die dafür zuständige Projektgruppe hat vier Archivare als Mitarbeiter – für Dutzende Kilometer Akten.[25]

Es war ein in der Öffentlichkeit wenig beachtetes Ärgernis, dass das damals CDU-geführte Finanzministerium ohne jede Ausschreibung ein für die Geisteswissenschaften mit über 3 Millionen Euro opulent ausgestattetes Aufarbeitungsprojekt an das als eher politisch konservativ geltende Institut für Zeitgeschichte in München vergab. Der Historiker Goschler formulierte daher den Verdacht, »dass das Bundesfinanzministerium als einer der politischen Hauptakteure der Privatisierung des volkseigenen Vermögens in Ostdeutschland den sich wieder intensivierenden Deutungskampf um die Treuhand und ihr Vermächtnis beeinflussen möchte«. Man wollte »die politischen Risiken der Erforschung dieses Themas reduzieren, solange das Bundesministerium der Finanzen noch in der Hand der CDU liegt« und »von Wolfgang Schäuble, einem der maßgeblichen Akteure der Wiedervereinigungspolitik«, geführt wurde. Angesichts der Geheimniskrämerei liegt der Gedanke an parteipolitische Intentionen hinter dieser wissenschaftlichen Auftragsvergabe jedenfalls nicht fern. Normalerweise sei im öffentlichen Dienst für jeden Auftrag ab 500 Euro ein Angebotsvergleich erforderlich. »Hier wurde jedoch ein Millionenbetrag in einem vollkommen intransparenten Verfahren vergeben, über dessen Rechtmäßigkeit Juristen urteilen mögen.«[26]

Ich begrüße ausdrücklich, dass Forschungsprojekte zur Aufbereitung der Akten gefördert werden. Nur zeigt der Blick auf die vom damals CDU-geführten Finanzministerium geförderten Vorhaben die Gefahr, dass letztlich die abgelaufenen Entwicklungen als weitgehend alternativlos dargestellt werden oder die Forschung auf Felder konzentriert wird, in denen die Verwerfungen relativ gering waren, während andere Bereiche, wie etwa der Maschinenbau, ausgespart bleiben. Ich will aber nicht, dass bei der Aufarbeitung der Treuhand erneut dasselbe droht wie bei der Mehrzahl der Forschungen in den 1990er Jahren: dass westdeutsche wirtschaftsliberale Wissenschaftler, Experten und Eliten uns Ostdeutschen erklären, warum das alles genau so passieren musste, wie es passierte. Oder wie es die Historiker Constantin Goschler und Marcus Böick beschrieben: Es gibt eine »offizielle beziehungsweise insbesondere unter ehemaligen beteiligten Akteuren aus Treuhandanstalt und Politik gefestigte Geschichtserzählung, die eben diese krisenhaften Transformationsvorgänge in deren Umfeld gleichsam als durchaus schmerzhafte, aber gleichwohl im Grunde nötige und alternativlose Umgestaltungsprozesse begreift und verteidigend als patriotisches Projekt beschreibt«.[27]

Ich will, dass die Wissenschaft die großen Fragen beantworten kann: Was stimmt an dem Vorwurf, dass bei der Abwicklung von Betrieben der Markt bereinigt wurde? Also: Wo hat die Treuhand »erfolgreich« Betriebe privatisiert, die aber kurz danach geschlossen wurden? Weiterhin wäre zu klären: Was passierte in den Niederlassungen der Treuhand in den damaligen Bezirken? Wie liefen im Guten wie im Schlechten die Privatisierungen von kleinen Unternehmen? Wie sind die oft großspurigen Zusagen der Käufer überprüft worden und welche Sanktionen gab es bei Nichteinhaltung? Auf alle diese Fragen haben wir bislang keine Antworten.

Wenn eine Aufarbeitung der Treuhandtätigkeit wirklich gelingen soll, muss dies hochtransparent geschehen, die Materialien müssen allen Interessierten gleichermaßen zur Verfügung stehen, und problematische Bereiche dürfen nicht ausgespart werden.

Doch ich bleibe grundsätzlich optimistisch: Es beginnt immerhin nun eine systematische Erschließung des Treuhandarchivs mit Hilfe des Münchner Instituts. Der öffentliche Druck, der innerhalb der Wissenschafts-Community aufgebaut wurde, hat vieles bewegt. Man muss positiv feststellen: Das erste Mal seit 25 Jahren ist Bewegung in die Treuhand-Aufarbeitung gekommen. Es sollten sich noch mehr Institute an der Aufarbeitung beteiligen! Ich würde das begrüßen.

Und wir müssen weiter genau hinschauen! Denn es gibt weiterhin rechtliche Probleme. Es gibt Daten, die unterliegen dem Schutz von Unternehmens- und Persönlichkeitsrechten. Das ist keine Verschwörung, sondern festgelegt im Bundesarchivgesetz. Ja, auch die beteiligten meist westdeutschen Unternehmen und Personen haben berechtige Schutzinteressen. Solche Schutzrechte sind nichts Unnormales in der Forschung über jüngere Geschichte. Ich sage aber auch: Die Öffentlichkeit und speziell wir Ostdeutsche haben ebenfalls ein Recht auf Aufarbeitung. Und das muss ehrlich gesagt Priorität haben.

Letztendlich geht es eben auch um die politische Deutungshoheit: Niemand mag sich seine Bilanz der Nachwendezeit kaputtreden lassen. Die Betrachtung befindet sich im Spannungsfeld zwischen zwei extremen Sichtweisen: War das Handeln der Treuhandanstalt alternativlos, weil die DDR-Wirtschaft komplett am Boden lag? Oder betrieb sie einen rücksichtslosen Raubbau, machte die Profiteure reich und deindustrialisierte den Osten mit den bekannten Folgen? Der Historiker Marcus Böick schrieb, es wäre ein Leichtes, die Geschichte der Treuhandanstalt entweder als außergewöhnliche Erfolgs-, als untergründige Misserfolgs- oder als spektakuläre Skandalgeschichte zu erzählen, »als historisch einmaliger« beziehungsweise »eigentlich unmöglicher« Triumph westlicher Managementkunst über die marode Planwirtschaft« oder als »kapitalistische Verschwörung zur kompromisslosen Enteignung« einer arglosen ostdeutschen Bevölkerung« oder als »undurchsichtig-nebulöses Schurkenstück eines enthemmten ›Goldrausches‹ mit allerlei zwielichtigen ›Helden und Halunken‹«.[28]

Vielleicht ist an allen drei Geschichten etwas Wahres dran – denn letztendlich war die Wiedervereinigung »chaotisch, unsystematisch, situativ und erkennbar improvisiert«.[29]

Vielleicht ist es eine gute Idee, eine Art bundesdeutsche »Wahrheits- und Versöhnungskommission« einzusetzen. Hier würden die unterschiedlichen Perspektiven berücksichtigt und öffentlich diskutiert, und zwar aus Ost und West. Es würde auch auf Grundlage von Zeitzeugeninterviews ein Gesamtbild gezeichnet, und zwar unabhängig von politischen Mehrheiten.

Wir brauchen die Aufarbeitung der Treuhand, am besten gesamtdeutsch. Das wird ein Kraftakt. Das Thema muss auf höchster politischer Ebene behandelt werden. Denn während die Treuhand gerade unter »Ostdeutschen mittleren oder fortgeschrittenen Alters noch als die zentrale Referenz von entfremdender ›Abwicklung‹ und rigorosem ›Ausverkauf‹ nach dem Ende der DDR gilt und bereits die Nennung ihres Namens beträchtliche emotionale Reaktionen auszulösen vermag, ist sie unter jüngeren Personen beziehungsweise in Westdeutschland kaum noch bekannt« – weswegen auch westdeutsche Medien kaum darüber berichten.[30] Wir sind noch lange kein Land mit einer gemeinsamen Erinnerungskultur, vor allem nicht, was die gemeinsame (!) Nachwendezeit betrifft.

Natürlich ist die wirtschaftliche Misere im Osten nicht allein der Treuhand zuzuschreiben: Wir wussten natürlich um die damals katastrophale Lage der DDR-Wirtschaft. Ich könnte hier viele Seiten allein aus meiner Erfahrung heraus darüber schreiben. Und es gehört zur Wahrheit dazu: Wir Ostdeutsche kauften nach der Währungsunion eine Zeit lang keine Ostprodukte mehr. Was aus dem Westen kam, konnte ja nur besser sein.

Ostdeutschland hatte zudem das Pech, dass die Einheit nicht in eine Phase der Prosperität, sondern der Destabilisierung auch des westdeutschen Wirtschafts- und Sozialmodells fiel. »Ostdeutschland hat das westdeutsche Wirtschafts- und Sozialmodell zu einer Zeit übernommen, als die Bedingungen für sein Funktionieren nicht mehr, jedenfalls nicht mehr hinreichend bestanden«.[31] Eine Zeit lang hat die Erweiterung des Wirtschaftsraums nach Osten eine Art Sonderkonjunktur ermöglicht, welche die Probleme des Westens verdeckte.

Ich sehe wenig Anlass, über die Richtigkeit der Einsetzung einer Treuhandanstalt zu diskutieren. Doch die Ausrichtung, der Arbeitsauftrag und das Vorgehen der Treuhandanstalt müssen hinterfragt werden: War es richtig, statt auf Sanierung und Umwandlung eher auf schnellen Verkauf und Abwicklung zu setzen?

Das hätte übrigens eher dem Treuhandgesetz entsprochen, das noch von der DDR-Regierung verabschiedet worden war. Dort stand in der Präambel, »dass nach einer Bestandsaufnahme des volkseigenen Vermögens und seiner Ertragsfähigkeit sowie nach seiner vorrangigen Nutzung für Strukturanpassung der Wirtschaft und die Sanierung des Staatshaushaltes den Sparern zu einem späteren Zeitpunkt (…) ein verbrieftes Anteilsrecht an volkseigenem Vermögen eingeräumt werden kann«. Dieser Satz wurde 1994 vom Bundestag aus dem Gesetz gestrichen, worauf Hans-Werner Sinn 2015 erneut im *Deutschlandfunk* hinwies: »Das war eine Missachtung des Vereinigungsvertrages, denn man hätte nicht gucken müssen, was das wert ist, sondern hätte gleich verbriefte Anteilsrechte vergeben, Aktiengesellschaften gründen und Aktien vergeben können. Man kann auch Aktienanteile an Schrott haben. (…) Es wäre, glaube ich, kein Schrott gewesen, wenn man eine ganz andere Lohnpolitik gemacht hätte und wenn man zugelassen hätte, dass Investoren aus dem Ausland sich hinzugesellen, dass man Joint Ventures macht.«[32] Die Gegenleistung für die Anteile wäre dann die Herausgabe der Betriebe gewesen, immerhin volkseigenes Vermögen.

Für besonders wichtig in Bezug auf die Forderung, dem Osten endlich mal zuzuhören und die Vorgänge der Nachwendezeit unter die gesamtdeutsche Lupe zu nehmen, halte ich Hans-Werner Sinns damaligen Abschlussgedanken: »Ich glaube bestimmt, dass mit den Belegschaften was hätte gemacht werden können. Ein Betrieb besteht ja doch nicht nur aus Maschinen, sondern vor allem aus Menschen, die ein Gefüge miteinander haben, die sich kennen, die anpacken wollen, die Wissen haben. Und das ist der eigentliche Wert, und diese Menschen hätte man jetzt verbinden können mit neuem Kapital, das Investoren hereingebracht hätten.« Diese von mir rundweg geteilte Einschätzung äußerte – und das bleibt für mich abschließend zu bemerken – einer der zentralen neoliberalen Wirtschaftsdenker unseres Landes.

Konkrete Folgen der Nachwendezeit

Ungerechtigkeiten, die bis heute bestehen

Die Aufarbeitung der Nachwendezeit ist nicht nur eine psychologische oder symbolische Frage. Die Zeit hatte ganz konkrete soziale und gesellschaftliche Folgen, die bis heute Ostdeutschland prägen.

Nehmen wir die Rente. Die Rentenüberleitung nach der Wiedervereinigung verdient es, als große Leistung in die Annalen der Geschichte einzugehen. Nicht nur bewegten sich die Renten in der DDR deutlich unter Westniveau. Auch das Lohnniveau war bei der Wiedervereinigung im Osten so gering und lag bei nur 40 Prozent der Westlöhne. In beiden Fällen hätten die damaligen frischgebackenen Senioren niemals von ihrer Rente leben können. Also wurden die Entgelte für Versicherungszeiten in der DDR und in den neuen Bundesländern bei der Berechnung stark aufgewertet. Dieser »Umwertungsfaktor«, teilweise bis zum 3,3-fachen, bereinigte den Lohnunterschied – so als hätte man mehr verdient.[33] Dies sicherte den Ostrentnern einen würdigen Lebensstandard. Und weil in der DDR meist beide Lebenspartner gearbeitet hatten, bekamen viele sogar eine bessere Rente als manche westdeutsche Geringverdiener, bei denen die Frauen meist nicht gearbeitet hatten und als Hausfrauen daheim geblieben waren. Das gehört zur Wahrheit dazu. Und das prägt auch den Blick vieler Westdeutscher bis heute auf den Osten.

Spätestens im Jahr 2025 wird es endlich eine einheitliche Rentenberechnung in Ost- und Westdeutschland geben. So hat es der Bundestag im Juni 2017 beschlossen. Selbst Kritiker dieser Rentenreform mussten zugeben, es sei überfällig und nicht mehr zu erklären, dass es 35 Jahre nach der Deutschen Einheit keine einheitlichen Renten in Ost und West gibt. Die bislang noch bestehenden Unterschiede haben viele als höchst ungerecht und empörend empfunden. In sieben Schritten soll der Rentenwert Ost nun auf den Rentenwert West angehoben werden, so dass es endlich keine Unterschiede mehr in der Rentenberechnung geben soll.

Doch es gibt hierbei eine gute und zwei schlechte Nachrichten für den Osten: Die gute Nachricht ist, dass von der Rentenangleichung alle *heutigen* Rentner in Ostdeutschland profitieren. Die schlechte Nachricht: Mit der beschlossenen Angleichung der Rentenwerte Ost-West wird natürlich auch der »Umwertungsfaktor« abgeschmolzen. Das ist gerecht: Würde er beibehalten werden, würde dies dazu führen, dass in Branchen, bei denen sich West- und Ost-Löhne angeglichen haben, der betroffene Ostdeutsche sogar eine höhere Rente erwerben würde als sein westdeutscher Kollege. Gleichzeitig führen der Wegfall der Höherwertung und die damit einhergehende Gleichstellung der Berechnungsgrundlage in Ost und West 2025 durch die weiterhin geringeren Löhne in vielen Branchen im Vergleich zum Westen zu niedrigeren Renten im Osten. Die erste schlechte Nachricht ist also, dass sehr viele zukünftige ostdeutsche Rentner kleinere Renten zu erwarten haben, weil sie bei gleicher Arbeit faktisch hier im Osten immer noch weniger verdienen als ihre Kollegen im Westen.

Altersarmut als zentrale Gerechtigkeitsfrage in Deutschland

Die zweite schlechte Nachricht ist, dass eine massive Altersarmutswelle auf Ostdeutschland zukommt. Ich würde sogar sagen, das ist eine der zentralen Gerechtigkeitsfragen Deutschlands in den nächsten Jahren. Zwar sind die Einkommen in den vergangenen drei Jahrzehnten im Durchschnitt deutlich gestiegen. Doch tatsächlich sehen wir eine krasse Spaltung und soziale Ungleichheit des Arbeitsmarktes im Osten: Wer Tariflohn verdient, kann sich häufig nicht nur über höhere Löhne freuen, sondern auch noch über Weihnachts- und Urlaubsgeld. Doch die Tarifbindung im Osten ist weitaus geringer als in Westdeutschland.

Nicht wenige machten nach 1989 umfassende, oft auch existenzielle Veränderungen in ihrem Arbeitsumfeld durch: Landeten sie nicht in der Langzeitarbeitslosigkeit, waren ihre neuen Jobs oft befristet und schlecht bezahlt. Auch die Einkommen Selbständiger reichten gerade so aus, um über die Runden zu kommen. Und bis heute sind die Löhne im Osten in den meisten Branchen bekanntlich deutlich geringer als im Westen. Ein Drittel der ostdeutschen Arbeitnehmer verdiente im Jahr 2014 unter 10 Euro.[34] Damit landet man automatisch in der Grundsicherung, obwohl man sein Leben lang in die Rentenversicherung eingezahlt hat – und das meist mit einer guten Ausbildung und Arbeitserfahrung.

Genauso landen in der Grundsicherung all jene, welche in ihrem Arbeitsleben viele Brüche hatten: weil sie nach 1990 einfach keine Arbeit fanden oder immer wieder ihre Arbeit verloren, etwa weil die Firma pleiteging.

Während also die Armutsquote der Rentner im Osten direkt nach der Wende wie beschrieben rapide gefallen ist, weil die alten Rentenansprüche aus DDR-Zeiten durch die Höherwertung großzügig angerechnet wurden, wird sie nun massiv zunehmen, wenn die Jahrgänge in Rente gehen, die den größten Teil ihres Arbeitslebens in der Nachwendezeit ableisteten.[35] Eine aktuelle Studie prognostiziert, dass ein Drittel der ostdeutschen Arbeitnehmer aufgrund geringer Löhne im Alter unter die Armutsgrenze zu rutschen droht.[36]

Das hat Konsequenzen. Es gibt eine enorme Unsicherheit im Osten. Laut Sachsen-Monitor macht sich die Hälfte der Sachsen Sorgen, dass die Rente im Alter nicht zum Leben reicht.[37] Und selbst die Erfolgreichen haben häufig große Angst, entweder um ihre Rente oder den kleinen Wohlstand, den man sich mühsam aufgebaut hat.

Leistungsgerechtigkeit für die Aufbaugeneration massiv infrage gestellt

Zudem entsteht Wut. Handwerker haben mir in meinen Bürgersprechstunden berichtet, dass sie mit 70 immer noch auf die Baustelle gehen müssen, weil es sonst nicht reicht, obwohl sie jahrzehntelang gerackert und ihre Gesundheit aufs Spiel gesetzt haben. Dass sie wütend sind, verstehe ich. Man muss sich einfach einmal deren Arbeitsleben vor Augen führen: Viele Lebensläufe waren auf einmal nichts mehr wert, genauso wie Berufsabschlüsse. Die Firmen wurden teils über Nacht geschlossen, und die Leute standen vor dem Nichts. Viele der Älteren haben umgeschult, haben in ganz anderen Bereichen neu angefangen. Viele der Aufbaugeneration haben jahrelang auf höhere Löhne oder andere Forderungen verzichtet, um ihren Job zu sichern. Sie kämpften sich durch die schwierige Nachwendezeit und halfen, die wenigen übriggebliebenen Betriebe und das Handwerk am Laufen zu halten. Sie haben bereitwillig Überstunden geschoben oder unfreiwillig in Teilzeit gearbeitet, um ihren Job und das eigene Unternehmen vor Ort nicht zu gefährden. Sie arbeiten im vereinigten Deutschland bis heute deutlich mehr Stunden mit geringeren Gehältern als in Westdeutschland. Und dann? Landet man unter der Armutsgrenze.

Ein großer Teil dieser Aufbaugeneration, vor allem aus der unteren Mittelschicht, fühlt sich so um ihre Leistung betrogen und sieht keine Chance, einen gerechten Anteil am gesellschaftlichen Wohlstand zu bekommen.

Ich weiß, auch viele westdeutsche Frauen landen in Altersarmut. Sie haben Kinder aufgezogen und folglich geringe Renten. Das stimmt. Doch diese Feststellung bedeutet ja gerade nicht, dass man für westdeutsche Frauen nichts tun sollte, die aufgrund des Lebensmodells in der alten Bundesrepublik daheim bei den Kindern blieben, die Erziehung übernahmen und nun oftmals ebenfalls in der Altersarmut landen. Es gab bis heute viel zu wenig Ganztagskitas im Westen.

Ich will ja mit dieser Anmerkung gerade verhindern, dass die zukünftigen armen Ostrentner gegen die armen westdeutschen Frauen ausgespielt werden. Denn ich bleibe dabei: Wer ein Leben lang gearbeitet hat, muss das im Alter an einer guten Rente spüren. Wenngleich ein Ost-West-Unterschied bleibt: In Westdeutschland werden die niedrigen Renten eines Ehepartners häufig durch höhere Renten des anderen ausgeglichen, zudem existieren häufiger Betriebs- und private Renten sowie Pensionsansprüche. In Ostdeutschland entfällt dieser Effekt. Hier kommt auch in Paarhaushalten zu einer Rente auf Grundsicherungsniveau oft nur eine weitere in gleich niedriger Höhe hinzu. Da es im Osten weniger Betriebsrenten, weniger Erbschaften und weniger Immobilienvermögen gibt, können die niedrigen Renten auch sonst nicht aufgefangen werden. Hier bedarf es einer Politik der Gegensteuerung.

Folgen für die Arbeitsgesellschaft

Die Nachwendezeit hatte zudem erhebliche Folgen für die Arbeitsgesellschaft: Studien zeigen, dass Unternehmer im Osten sehr viel marktradikaler und kapitalistischer denken als im Westen. Sie stimmen viel öfter der Aussage zu: »Ziel eines jeden Unternehmens muss sein, maximalen Profit zu machen«. Sie wollen weniger staatliche Regulierung und lehnen gewerkschaftliche Beteiligung ab.[38]

Natürlich hat das Gründe: Die Nachwendezeit ähnelte mit ihrem Turbokapitalismus eher dem Manchester-Kapitalismus des 19. Jahrhunderts als der rheinischen sozialen Marktwirtschaft. Manche Unternehmer verhielten sich einfach als »kapitalistische Neureiche« – mächtig, protzig und »Herr im Haus«. Andere waren eher harte Kapitalisten wider Willen, wie es Wolfgang Neef, nach der Wende Direktor bei Sachsenring Zwickau, beschreibt.[39] Die Unternehmer hatten es eben schwerer und härter. Durch die hohe Arbeitslosigkeit brachen auch die Nachfrage und der Konsum in der Region zusammen. Zudem hatten sie aus rein historischen Gründen kein Vermögen oder Erbe in der Hinterhand.

Ost-Unternehmen standen (und stehen häufig noch) unter einem extremen Konkurrenz- und Kostendruck. Sie litten unter chronischem Kapitalmangel. Sie konnten sich »deshalb meist die für die Steigerung der Produktivität notwendigen Investitionen nicht leisten« und mussten »den Kosten- und Konkurrenzdruck (…) an ihre Belegschaft weitergeben«.[40]

Es gab eine Art »unausgesprochenen Sozialpakt«: Ich als Unternehmer sichere den Arbeitsplatz, im Gegensatz verzichten die Arbeitnehmer auf höhere Löhne und Mitbestimmungsrechte. Der Soziologe Michael Behr nannte ostdeutschen Arbeitnehmer daher einmal »Arbeitsspartaner«, die fleißig mehr Stunden arbeiten, keine Forderungen aufstellen und froh sind, überhaupt einen Arbeitsplatz zu haben. Ein Bekannter von mir beschrieb dies einmal als das Gefühl, »wunschlos unglücklich« zu sein.

Es entstand aber zugleich ein gewaltiges Ungleichgewicht zwischen Arbeitern und Kapital, das bis heute gerade die älteren Mitarbeiter eher auf der Seite ihrer Chefs stehen lässt, wenn es um die Entscheidung geht, ob Löhne anzuheben sind oder Rechte eingefordert werden sollten. Wer »mehr« forderte, bedrohte damit das Unternehmen. Gewerkschaften wurden ganz im Sinne neoliberalen Denkens zu potenziellen Totengräbern. Die Folge: Neugründungen von Betriebsräten hatten und haben es schwer. Arbeiter wurden vom paternalistischen Chef auch nur so lange beschützt, wie sie sich an die Vorgaben des Chefs hielten. Mir hat einmal jemand gesagt: »Früher durfte ich auf Arbeit alles sagen, musste aber den Mund halten, wenn es gegen die Regierung ging. Heute ist es umgekehrt.«

Doch mittlerweile steigen die Gewinne, die Arbeitslosigkeit sinkt, alle sprechen vom Fachkräftemangel, aber für viele ältere Arbeiterinnen und Arbeiter änderte sich lange Zeit nichts. Ich denke, wir Ostdeutschen müssen noch stärker lernen, um unsere Rechte zu kämpfen und auch den Adressaten des Protests richtig zu wählen.

Unklarheiten bei den Renten von Hunderttausenden Ostdeutschen

Es ist letztlich bitter. Die so erfolgreiche Rentenüberleitung wird überdeckt durch das Gefühl, Rentner zweiter Klasse zu sein und um seine Lebensleistung betrogen zu werden. Doch es gibt noch Hunderttausende anderer Ostdeutscher, die eine zusätzliche Ungerechtigkeit erfahren haben, die an vielen nagt. Seit ich das große Thema der Nachwendezeit in die Öffentlichkeit brachte, begegne ich vielen Rentnern, die durch die Rentenüberleitung von Ost nach West ungerechtfertigt und anscheinend völlig willkürlich Ansprüche verloren haben, die sie im DDR-Rentenrecht gehabt hätten. Es handelt sich um mindestens 17 verschiedene Gruppen mit insgesamt mehreren Hunderttausend Menschen, die davon betroffen sind.

Die formulierten Ansprüche der unterschiedlichen Gruppen gründen auf sehr unterschiedlichen Grundlagen: Werden bei den einen bestimmte Arbeitsjahre nicht in der Rentenberechnung berücksichtigt, gibt es eine ganze Reihe von

Gruppen, die damals in besondere Betriebskassen eingezahlt haben, abseits der klassischen Sozialversicherung. Wieder anderen wurde zu DDR-Zeiten eine höhere Rente versprochen, um die niedrigen Verdienste auszugleichen, wie etwa im Gesundheitswesen.

An dem Thema haben sich in den letzten 30 Jahren einige die Zähne ausgebissen. Aber es kämpfen noch immer einige. Es gehört zur politischen Fairness dazu, hier neben meiner sächsischen SPD-Kollegin, der Bundestagsabgeordneten Daniela Kolbe, auch viele Politiker der Linkspartei zu erwähnen, die sich in dieser Sache um Aufklärung und für Abhilfe engagierten.

Die Lage ist schwierig. In vielen Fällen wurden die Streitfälle vor Gerichten ausverhandelt, doch in keinem davon bekamen die betroffenen Gruppen Recht. Die Politik hob jedes Mal die Hände, denn höchstrichterliche Entscheidungen eignen sich prima, um ungeliebte Probleme abzuwehren.

Aber es muss doch möglich sein, politische Lösungen zu finden, auch wenn es wirklich nicht einfach und übersichtlich ist: Die 17 unterschiedlichen Gruppen haben mit teils höchst verschiedenen rechtlichen Problemen zu kämpfen, die juristisch völlig unterschiedlich gelagert sind. Zudem sagt die Mehrheit des Bundestages parteiübergreifend, das sei Schnee von gestern. Man darf nicht vergessen, weniger als jeder fünfte Parlamentarier im Bundestag kommt aus dem Osten. Ich kann mir gut vorstellen, dass den Westabgeordneten ihre Wähler sagen, die »Ossis« haben doch schon so viel bekommen. Und selbst unter den ostdeutschen Abgeordneten haben die Forderungen keine Mehrheit, weil konservative und liberale Politiker bislang immer Lösungen ablehnten.

Die nachträgliche Korrektur der damaligen Gesetze, um einzelne Betroffenengruppen besserzustellen, so hört man, würde jedoch neue Ungerechtigkeiten schaffen. Neue Abgrenzungsfragen und damit möglicherweise neue Klagewellen würden zu neuer Rechtsunsicherheit und Unfrieden führen, wird angeführt. Das glaube ich nicht, denn Unfrieden und ein Gefühl von Ungerechtigkeit sind längst da.

Ein Fonds nur für Härtefälle reicht nicht

Die sächsische SPD hat in das Regierungsprogramm der SPD zur Bundestagswahl 2017 einen Gerechtigkeitsfonds für jene Menschen hineingekämpft, »die bei der Überleitung der Alterssicherung der DDR in das bundesdeutsche Recht erhebliche Nachteile erlitten haben, die im Rentenrecht nicht lösbar sind«.[41] Die Ungerechtigkeiten bei der Rentenüberleitung sollen zumindest abgemildert und ein Signal der Anerkennung und des Respekts gesendet werden. Mit einer finanziellen Leistung aus einem solchen Fonds würden die Lebensleistungen etwa von ehemaligen Reichsbahnern, Bergleuten der Braunkohleveredlung und weiterer Gruppen anerkannt und das Kapitel langsam geschlossen werden. So die Idee.

Die Idee des »Gerechtigkeitsfonds« wurde auch in die Koalitionsverhandlungen zwischen Union und SPD eingebracht. Da ich an Teilen der Verhandlungen teilgenommen habe, kann ich nur bestätigen, dass die Gespräche äußerst schwierig waren. Im aktuellen Koalitionsvertrag der Großen Koalition steht nun immerhin: »Für Härtefälle in der Grundsicherung im Rentenüberleitungsprozess wollen wir einen Ausgleich durch eine Fondslösung schaffen.«[42] Es ist erst einmal ein Erfolg, auf den ich durchaus stolz bin. Das erste Mal taucht das beschriebene Problem in einem bundesdeutschen Koalitionsvertrag auf. Aber zufrieden kann ich mit der Formulierung im Koalitionsvertrag trotzdem nicht sein. Denn er enthält nicht, wofür die betroffenen Gruppen und ich ursprünglich eingetreten sind: Denn abgesehen davon, dass der erklärte politische Handlungswille erstmal noch keine Gesetzeskraft hat, bedeutet »Härtefall« lediglich, dass nur jene etwas bekommen, die Gefahr laufen, in der Armut zu landen. Ein wirklich gerechter Ausgleich für die Lebensleistung sieht anders aus. Hier müssen wir weiter für eine größere Lösung kämpfen.

Ein besonderer Fall: die in der DDR geschiedenen Frauen

Viele fragwürdige Entwicklungen und Ungerechtigkeiten der Nachwendezeit wurden von den Ostdeutschen hingenommen. Bei einigen Themen bildeten sich jedoch Interessengruppen, in denen Betroffene für ihre Rechte und Ansprüche kämpften. Den Menschen geht es meist weniger um finanzielle Entschädigung als um Gerechtigkeit. Sie wollen das ungute Gefühl loswerden, enteignet worden zu sein. Für einige der Betroffenen sind massive Härten beispielsweise dadurch entstanden, dass das DDR-Recht soziale Sicherungen und Unterstützungen vorsah, die es im neuen geeinten Deutschland nicht mehr gab.

Besonders eklatant betrifft dies die in der DDR geschiedenen Frauen. Und man sieht an diesem Fall, dass viele Ungerechtigkeiten erst deshalb entstanden, weil die bestehenden

DDR-Ansprüche einfach nicht zur westdeutschen Blaupause passten und damit keine Chance auf Übernahme hatten. Etwa 300 000 nach DDR-Recht geschiedene Frauen leben noch, jede zweite von ihnen an oder unter der Armutsgrenze.[43] Der »Verein der geschiedenen Frauen in der DDR« hat eine Ausstellung erarbeitet, um auf ihre Benachteiligungen aufmerksam zu machen: »Frauen kämpfen für ihr Recht – in der DDR geschieden, durch den Einigungsvertrag diskriminiert«.[44] Das Problem entstand dadurch, dass in der DDR Frauen im Rentensystem besondere Ansprüche erhielten. Arbeiteten sie wegen der Kinder zeitweise weniger, konnten sie mit einem symbolischen Obolus von monatlich drei Mark ihre spätere volle Rente absichern – ein sehr niedriger Betrag. Das hatte damit zu tun, dass für die Rente ohnehin nur die letzten 20 Arbeitsjahre berücksichtigt wurden, eine Regelung, die gerade Frauen zugutekam. »Jüngere Frauen sollten sich also keine Sorgen machen müssen, wie sie Familie, Beruf und Weiterbildung unter einen Hut bekommen. Am Geld sollte es nicht scheitern.«[45] Ging nun aber die Ehe in die Brüche – die Scheidungsrate war auch aufgrund der hohen wirtschaftlichen Unabhängigkeit von Frauen in der DDR um bis zu zehn Prozent höher als im Westen[46] –, erhielten sie keinen Anteil am Rentenanspruch des Mannes.

Doch ab 1992 galt nach einer einjährigen Übergangszeit auch im Osten das westdeutsche Scheidungsrecht: Die Zeiten des Verdienstausfalls während der Kindererziehung wurden nicht durch den sogenannten Versorgungsausgleich kompensiert, wie er im Westen üblich war.[47] Die Besserstellungen von Frauen im DDR-Rentenrecht wurden jedoch nicht mit überführt. Damit sind die geschiedenen Frauen im Osten

»hinsichtlich ihrer Versorgungssituation wesentlich schlechter gestellt als Frauen in den alten Bundesländern«.[48] Nach Schätzungen des Vereins geschiedener DDR-Frauen dürfte es dabei um 100 bis 400 Euro monatlich gehen, die jeder betroffenen Frau zusätzlich zustünden. Bei etwa 300 000 Fällen würden da schnell zwischen 60 und 120 Millionen Euro Nachzahlungen fällig werden.[49]

Es geht also um viel Geld. Und auch hier kommt wie aus der Pistole geschossen das Gegenargument, man wolle ja keine Ungerechtigkeiten gegenüber westdeutschen Frauen aufkommen lassen, deren Mehrzahl aufgrund ihrer Hausfrauentätigkeit deutlich niedrigere Renten bezieht als die Ostfrauen, die mehrheitlich arbeiten gingen.[50] Noch einmal: Ich will auf keinen Fall sagen, dass Hausfrauentätigkeit nicht in Ordnung oder keine vollwertige Arbeit wäre, aber sie schlug sich eben nicht in der Rentenkasse nieder. Die Erwerbsquote der Frauen im Osten lag 1989 bei stolzen 78,1 Prozent, unter Berücksichtigung der in Ausbildung Befindlichen sogar bei 91,2 Prozent. Im Westen dagegen lag sie nur bei etwa 50 Prozent.

Auch das ist am Ende keine gerechte Begründung: Damit wird die Lebens- und die Familienleistung für die geschiedenen Frauen in der DDR nicht anerkannt.[51] Gerade Frauen waren aber von den Umbrüchen im Osten besonders hart betroffen. Gewöhnt, zum Lebensunterhalt der Familie gleichberechtigt beizutragen, erlebten sie nun eine gewaltige Abwertung. Mehr als 60 Prozent der Arbeitslosen waren 1991 Frauen. Konnten die älteren von ihnen wenigstens in den Vorruhestand gehen, traf es vor allem junge Frauen überproportional hart. Viele mussten Arbeit unter ihrer Qualifikation oder in Teilzeit annehmen. Es gab damals Berichte über Frauen, die aus Angst, ihren Job zu verlieren, sich sterilisieren ließen.[52] Auch diese weiblichen Wendeerfahrungen und damit verbundenen psychischen Folgen werden bis heute weitestgehend tabuisiert.

Unter dem Eindruck eines durchaus konservativen Familienbildes mussten sich die Frauen im Osten in der Nachwendezeit immer wieder als Rabenmütter beschimpfen lassen, weil sie an der Forderung festhielten, das sehr gute Kinderbetreuungssystem der DDR zu erhalten, um selbst arbeiten zu können. Bei sehr vielen jungen Menschen in ganz Deutschland ist dieser ursprünglich ostdeutsche Weg, Arbeit und Familie unter einen Hut zu bringen, heute völlig normal. Auch in Stuttgart, Bochum und Hamburg suchen junge Familien heutzutage händeringend einen Betreuungsplatz in Kita oder Hort. Es ist schön zu sehen, dass die alten Bundesländer bezüglich dieses Emanzipationsgedankens langsam nachziehen.

Ehemalige Reichsbahn-Mitarbeiter

Als 1994 aus westdeutscher Bundes- und ostdeutscher Reichsbahn die Deutsche Bahn AG fusioniert wurde, hat man leider vergessen, die Angehörigen der beiden Staatsunternehmen bei den Betriebsrenten gleichzustellen. Dabei hatte die Reichsbahn für ihre Mitarbeiter bis Dezember 1991 zusätzliche Einzahlungen geleistet.

Während nun aber Beschäftigte im Westen zusätzlich zu ihren Pensionen beziehungsweise Renten eine Betriebsrente erhalten, wird diese den ehemaligen Reichsbahnern bis heute verwehrt. Dieser Konflikt ist gänzlich anders gelagert als bei den geschiedenen Frauen, da es sich bei der Deutschen Bahn um ein teilprivatisiertes, eigenwirtschaftlich organisiertes Unternehmen handelt. Es befindet sich aber noch in staatlichem Eigentum. Doch damit wurde die Sache nicht leichter, sondern gar komplizierter: So konnten sich sowohl Deutsche Bahn als auch das Bundesverkehrsministerium gegenseitig den Schwarzen Peter zuschieben, wenn es darum ging, die offensichtlich berechtigten Ansprüche der ehemaligen Reichsbahner einzulösen.

Nach der Wiedervereinigung, so berichten die betroffenen Ex-Reichsbahner, habe die dann nach bundesdeutschem Recht agierende Reichsbahn die jährlichen Zahlungen von stattlichen 400 Millionen Mark einfach eingestellt. Die Deutsche Bahn AG schließlich bildete als Nachfolgeunternehmen keine Rücklagen für die Eisenbahner mehr, obwohl sie dazu laut Einigungsvertrag verpflichtet gewesen wäre.[53] Alle Lösungsvorschläge beispielsweise der Gewerkschaften seien zudem zwischen 1992 und 1994 durch das Bundesverkehrsministerium abgelehnt worden. Zunächst wurde sogar bestritten, dass die Reichsbahn überhaupt für ihre Bediensteten eine Betriebsrente angespart hatte. Erst 2012 gab das zuständige Bundesministerium zu, »dass der Sozialversicherung der ehemaligen DDR die Aufwendungen bei der Berechnung für Beschäftigungszeiten bei der Deutschen Reichsbahn erstattet worden sind«.[54]

Trotz der offensichtlich anderen Sachlage wurden die Rentenansprüche der Reichsbahner 1993 *ohne* jenen Versorgungsanteil ins Sozialgesetzbuch (SGB VI) überführt, während »die Bundesbahner seit 1994 monatlich im Schnitt

300 bis 400 Euro bekommen – in Summe fünf Milliarden Euro aus dem Staatshaushalt«.[55] In einem Brief des Bundeskanzleramtes vom 6. März 2018 an EVG-Gewerkschafter Dietmar Polster[56] wird auf die höchstrichterliche Entscheidung Bezug genommen und sogar erklärt: »Eine verfassungsrechtliche Benachteiligung hat das Bundesverfassungsgericht auch nicht im Verhältnis zu Pensionären und Rentnern der Deutschen Bundesbahn gesehen. Der Gesetzgeber war bei der Rentenüberleitung nicht verpflichtet, Angehörige von Alterssicherungssystemen der DDR so zu stellen, als hätten sie ihre Erwerbsbiografie in der Bundesrepublik Deutschland zurückgelegt.« Auch wenn diese Entscheidung rechtsstaatlich sicher begründet ist, so ist sie in den Augen der Betroffenen einfach ungerecht.

Eine Vielzahl weiterer Betroffener

Ich könnte noch viele Beispiele nennen: Etwa die *Krankenschwestern und anderes mittleres medizinisches Personal*, denen ein deutlich höherer Rentenanspruch versprochen wurde, der, so sagen es Betroffene verbittert, »heute unterschlagen« werde. Bis 1996 waren die höheren Summen noch gezahlt worden, wurden danach jedoch abgeschmolzen und so nivelliert.[57] Obwohl sich immer mal wieder verschiedene Bundestagsfraktionen dafür eingesetzt hatten, diese Ungerechtigkeit abzuschaffen, wurde sie nie beseitigt. Gerade bei dieser Gruppe zeigt sich dabei, dass manche Forderung vermutlich auch deshalb unter den Tisch gefallen ist, weil es spezifische Eigenarten der DDR waren, die nicht zum Westen passten. Sie wurden durch die Übernahme des westdeutschen Systems zu »Sonderfällen«, obwohl sie im Osten »Normalfälle waren«. Mittleres medizinisches Personal gab es im Westen gar nicht – es wird erst in den letzten Jahren als »Innovation« wieder eingeführt.

Die *Bergarbeiter* in der Braunkohleveredelung wurden zu DDR-Zeiten rentenrechtlich wegen der extremen Gesundheitsgefährdung und der besonderen Belastungen bei der Arbeit den Bergleuten, die unter Tage arbeiteten, gleichgestellt. Die *FAZ* porträtierte 2017 Werner Friedrich, der auf einer meiner Veranstaltungen zu Gast war. 1957 in die Schwelerei als Lehrling eingetreten, war er sich durchaus der Tatsache bewusst gewesen, dass seine Fabrik nach der Wende nicht mehr zu halten war. Er riss seinen Arbeitsplatz selbst mit ab, wurde dann arbeitslos und ging anschließend in den wohlverdienten Ruhestand. Doch nun argumentierte die gesamtdeutsche Knappschaft: Wer nicht unter Tage arbeitete, sondern in einer staubigen Halle mit toxischen Dämpfen, in der die Braunkohle weiterverarbeitet, sprich »veredelt« wurde, hat keinen Anspruch auf diese Zusatzrente. Dabei hatten die Arbeiter der Braunkohleveredelung bis 1996 noch die Zusatzleistungen bekommen! Allerdings hatte die Bundesregierung zuvor festgelegt, dass diese Übergangsregelung 1996 beendet würde, in der Annahme, bis dahin seien Ost- und Westrenten angeglichen. Der damalige Sozialminister Norbert Blüm (CDU) bezeichnete die willkürliche Festlegung auf das Jahr 1996 später als »Fehler«, bat seine Nachfolger jedoch vergebens darum, ihn zu korrigieren. Schon vor 20 Jahren haben die Bergleute deshalb eine Solidargemeinschaft gegründet. Seitdem liefern sie sich Papierschlachten mit Knappschaft, Bundestagsabgeordneten, Ministerien und Anwälten.[58]

Aber auch andere Rentengruppen, die etwa als Ingenieure, Balletttänzer, Leistungssportler oder im Ausland gearbeitet haben, sehen sich aus unterschiedlichsten Gründen schlechtergestellt.

Der lange Schatten der Nachwendezeit

Der Schatten der Nachwendezeit ist lang. Und leider verdeckt er zunehmend die vielen Erfolge der Deutschen Einheit und erschwert beiläufig auch eine echte Aufarbeitung der DDR-Zeit. Die Menschen schalten eben nicht einfach um. Aktuelle politische Entwicklungen werden genauso mit den Erfahrungen und Emotionen der Zeit nach 1990 abgeglichen wie auch neuere, aktuelle Krisenerfahrungen. So erinnerten die Bankenkrisen und die Eurokrise viele von uns Ostdeutschen wiederum an die Unwägbarkeiten und die Unruhe der Nachwendezeit. Selbst jene, die sich Wohlstand erarbeitet haben, wurden und werden dabei unsicher. Handwerker kamen zu mir und beschwerten sich darüber, dass für die von den Banken selbst verursachte Finanzkrise Milliarden zur Rettung da waren, während ihnen bei den großen und kleinen Engpässen keine Rettungsschirme zur Verfügung stünden.

Doch das Ganze findet eben nicht nur im Kopf statt. Es gibt viele wirtschaftliche und vor allem soziale Fragen, die sich zwar auch im Westen stellen, die im Osten aber oft verstärkt und in manchen Punkten anders gelagert auftreten. Ganz Deutschland hat etwa ein Demografie-Problem. Doch im Osten werden wir noch älter und weniger, weil bis heute wirkt, dass Millionen aus dem Osten weggezogen sind. Dadurch, und weil es unruhige Zeiten waren, kamen deutlich weniger Kinder auf die Welt.

Oder nehmen wir die Agenda 2010. Auch diese traf ganz Deutschland. Doch im Osten gibt es aufgrund des Umbruchs deutlich mehr Arbeitslose. Wir haben auch heute noch mehr »Aufstocker« aufgrund prekärer Beschäftigung und mehr Alleinerziehende als im Westen. In Sachsen haben in den vergangenen zehn Jahren knapp 1,2 Millionen Menschen Hartz-IV-Leistungen bezogen – bei derzeit knapp 4 Millionen Einwohnern.[59]

In der Folge haben wir auch eine andere Bevölkerungsstruktur im Osten. Es leben hier aufgrund der Entwicklung viel mehr Menschen, die sich als »missachtete Leistungsträger« und »verunsicherte Leistungsträger« beschreiben lassen oder zum sogenannten »abgehängten Prekariat« gehören, wie dies die Soziologen ausdrücken. Es gibt mehr »enttäuschte« und »verunsicherte« sowie weniger »zufriedene« Menschen als im Westen.[60] Auch das erklärt manches Wahlergebnis im Osten, denn der Spiegel, vor dem viele ihrer Verunsicherungen und Enttäuschungen immer wieder zum Vorschein kommen, bleibt stets eine zutiefst unruhige Vergangenheit. Daraus erklärt sich, warum ich so intensiv die Nachwendezeit thematisiere: Sie kommt immer und immer wieder hoch.

Von Aufstiegen und Abstiegen

Die Entwertung des ganzen Lebens

Die meisten Westdeutschen haben noch nicht verstanden, was eigentlich wirklich im Osten nach 1990 passiert ist. Noch einmal: Von einem Tag auf den anderen änderte sich hier alles. Viele haben davon profitiert, andere zerbrachen daran.

Der gesellschaftliche Umbruch hatte nicht nur wirtschaftliche Folgen, sondern betraf die gesamte Lebenswelt. »Plötzlich fanden sich fast Vierzigjährige in einer Art zweiter Pubertät wieder: in einer plötzlich ausgewechselten Welt, einem plötzlich ausgewechselten Leben. Ohne Boden. Und nie für möglich gehalten: ohne Arbeit. Aber mit Familie. (…) Die Umbruchsphase war für die wenigsten reibungslos. Und manche gewannen nie mehr festen Boden unter den Füßen. Wie die Buchbestände ganzer Verlage auf dem Müll landeten, so auch die Lebensläufe. (…) Darin liegt vielleicht ein beinahe tragisches Moment. Tragisch nicht im pathetischen Sinne, sondern in dem ursprünglicheren, dass niemand einfach Schuld daran trägt. Was kann der Westen dafür, dass er so stark ist? Und dass Umbrüche, selbst wenn man sie wollte, oft so wehtun?«, fasste die Journalistin Kerstin Decker 1999 die damalige Situation zusammen.[61]

Gleichwohl hatte dies Folgen und beeinflusst die Leute bis heute. Laut einer großen und über Wochen angelegten Umfrage der *Sächsischen Zeitung* zum Jahresbeginn 2018 fühlen sich zwei von drei Sachsen als »Bürger zweiter Klasse«. Während diese Stimmungslage unter den AfD-Wählern sogar bei 84 Prozent vorherrscht, ist doch das Gesamtergebnis ebenso erschreckend wie wenig überraschend. »Zwar sehen die Sachsen sich nicht als Modernisierungsverlierer, aber viele von ihnen sehen noch immer eine strukturelle Benachteiligung gegenüber Westdeutschland und den Westdeutschen«, fasst der Politikwissenschaftler Gert Pickel zusammen.[62] Zwischen den Generationen gibt es dabei kaum Unterschiede, nur bei den 30- bis 45-Jährigen geht der Wert etwas zurück. »In der jüngsten Gruppe der 18- bis 29-Jährigen steigt die Zustimmung aber wieder auf mehr als 70 Prozent an.«[63] Die Hoffnung, dass sich das Problem auswächst, ist also unbegründet. Sehr viele junge Menschen, die die DDR gar nicht mehr erlebt haben, begreifen sich noch immer als Ostdeutsche und fühlen sich in der Tradition und aus der Erfahrung ihrer Eltern dadurch benachteiligt.

Auch wenn viele die neuen Chancen und Freiheiten genutzt und sich ihre beruflichen wie privaten Wünsche erfüllt haben, »empfinden sich viele Ostdeutsche als Kollektiv nach der Wiedervereinigung nicht wirklich in dem Maße gleichgestellt, wie es ihrer Meinung nach verdient gewesen wäre«.[64] Gert Pickel stellt in derselben Ausgabe der *Sächsischen Zeitung* fest, dass sich vor allem »viele Bürger nicht wirklich anerkannt vom Westen der Republik, den Bürgern dort und den westdeutschen Politikern« fühlen. Er fügt an: »Dieses Gefühl hält sich erstaunlicherweise bis heute.«[65]

Erstaunlicherweise? Die Zeit kompletter Umbrüche, der Neuorientierung und der Hoffnungen war eben auch eine Zeit der Kränkungen, Verletzungen und Erniedrigungen. Natürlich gibt es einen beachtlichen Teil von Menschen, die das nicht so sehen, mancher kann mit der Ost-West-Debatte gar nichts anfangen. Je nach genauer Fragestellung verneinen eben auch die Hälfte beziehungsweise ein Drittel die Aussage, sich als Bürger zweiter Klasse zu fühlen. Doch es hilft nichts: Das Gefühl ist in einem großen Teil der Bevölkerung präsent. Es vergiftet unsere Gesellschaft. Verschweigen und Schönreden hat in den letzten fast 30 Jahren nichts daran geändert.

Die pauschale Diffamierung von Kritikern der Nachwendeentwicklung als »Jammer-Ossis«, »Wendeverlierer« oder »DDR-Nostalgiker« hat dagegen sehr wohl Wirkung gezeigt. Lange Zeit wurde vor allem von der sächsischen CDU-Regierung das Bild gepflegt, in Sachsen sei alles in Ordnung. Es ging immer nur um eine ökonomische Aufholjagd gegenüber dem Westen. Wer diese Fokussierung auf die Wirtschaft infrage stellte oder gesellschaftliche Begleiterscheinungen kritisierte, wurde als »Nestbeschmutzer« gebrandmarkt. Dies alles hat die Leute sprachlos gemacht. Und wütend. Irgendwann kommt dann doch alles wieder hoch.

Ein erfolgreicher ostdeutscher Unternehmer bedankte sich dafür, dass ich das Thema Nachwendezeit in die Öffentlichkeit zurückgeholt habe, mit folgender Geschichte: Nachdem er als erfahrener Ingenieur und Wissenschaftler von seinem neuen westdeutschen Vorgesetzten entlassen wurde, baute er seine eigene Existenz auf. Er sei mit seinem heutigen Leben sehr zufrieden. Wirtschaftlich und privat gehe es ihm wunderbar. Dass er allerdings kalt entlassen wurde und wie arrogant das geschah, wirkt als Kränkung bis heute nach – 30 Jahre später, obwohl er sich einen erheblichen Wohlstand aufgebaut hat. Und hier beginnt die Erklärung vom Bürger zweiter Klasse: Die eigene Biografie wurde von anderen bewertet, ignoriert, belächelt und schlimmstenfalls für wertlos erklärt. »Was habt ihr denn schon gearbeitet in der Planwirtschaft?«, hieß es, als ob man unter schwierigen Bedingungen nicht auch gearbeitet hätte. Alles vor 1989 wurde zu einer Randnotiz, zu abgeschlossener Geschichte, zu Ballast.

Viele wurden arbeitslos oder hatten das Gefühl, gescheitert zu sein – und schämen sich noch heute: Ein Künstler erzählte mir von einem Klassentreffen, an dem er den Vorschlag machte, über die Erlebnisse der letzten 30 Jahre zu erzählen. Drei Frauen standen auf: »Wenn wir das machen, dann gehen wir.«

Man darf dabei nicht vergessen: In der DDR herrschte eine relative Gleichheit. »Mit der Vereinigung wurden Menschen, die sich in ihrer Gesellschaft als wohlsituiert (…) vorgekommen waren, plötzlich zu einer Armutsschicht in einer Gesellschaft, mit der sie sich als gleichberechtigte Deutsche hatten vereinigen wollen«, stellt der aus Tübingen stammende Sozialwissenschaftler Wolf Wagner fest.[66] Und dies eben nicht, weil sie persönlich etwas falsch gemacht hatten. Sondern weil sie unter die Räder der Wiedervereinigung gekommen waren.

Umso mehr schmerzt und kränkt der Begriff der »Wendeverlierer«, wie das immer leicht abschätzig genannt und damit suggeriert wird, man hätte es im Gegensatz zu anderen eben nicht draufgehabt, die neuen Möglichkeiten zu nutzen. »Jeder ist seines Glückes Schmied« – wie oft habe ich diese pseudomotivierende Durchhalteparole gehört, die so unvollkommen wie unangebracht jedem Schwächeren bloß Faulheit unterstellt und Kritiker der Entwicklung zu »Nörglern« oder »Pechvögeln« macht.

Und wie es das Beispiel des Ingenieurs zeigt, sind eben viele dieser unguten Gefühle von Kränkung und Demütigung nicht davon abhängig, ob man nach 1990 erfolgreich war oder ein sogenannter »Wendeverlierer«. Die Kränkung betraf uns Ostdeutsche quasi als Kollektiv. Keiner wollte irgendeiner Kritik von uns Ostdeutschen zuhören. »Jammer-Ossis, quengelige Leute mit seltsamen Dialekten – die werden im Zweifel lieber ausgelacht«, schrieb Anja Maier provokativ in der *Tageszeitung*. In der Tat, ich bekomme immer die Fragen gestellt, wie sie Anja Maier weiter beschrieben hat: »Was nicht stimmt mit ihren Leuten. Warum die nicht zufrieden sind mit den topsanierten Städten und den schicken Straßen. Was die auszusetzen haben an der Demokratie – die hätten sie doch schließlich gewollt 1989. Es sind Fragen von Leuten, die die Wiedervereinigung (…) bis heute als Tauschhandel sehen. Gesinnung gegen Wohlstand. Als eine Art verspäteten, sauteuren Marshallplan für den Osten. Unsere Steuergelder gegen eure Anpassung, so in etwa. Aber heute, im Wahljahr 2017, sind diese Leute weder dankbar noch zufrieden, im Gegenteil.«[67] Die eigentlichen Jammer-Deutschen scheinen mir da eher ein Teil der Westdeutschen zu sein.

Genauso beleidigend ist es, vom »Milliardengrab Ost« zu sprechen. »Schließlich wirkte der Aufbau Ost auch als Konjunkturprogramm West. Man mag angesichts der genannten Fakten skeptisch in die Zukunft schauen oder gar vernichtend urteilen. Und der deutsche Jammerton ist ja allgegenwärtig. Man muss [aber] schon blind oder böswillig sein, um die Erfolge der gemeinsamen Anstrengungen nicht zu sehen«,[68] meint der langjährige Bundestagspräsident Wolfgang Thierse.

Natürlich können wir stolz sein auf das Erreichte. Aber wir müssen eben auch benennen, was nicht in Ordnung war und bis heute nicht in Ordnung ist – nicht um irgendwem eine Schuld zuzuweisen, sondern um unsere Schlüsse zu ziehen, produktiv daraus zu lernen und dort, wo es noch möglich ist, Abhilfe zu schaffen. Sonst befürchte ich, dass sich viele von uns Ostdeutschen immer weiter von der Demokratie verabschieden und die nächsten Wahlergebnisse uns die Quittung zeigen.

Denn die Gefahr besteht darin, dass es die Rechtspopulisten schaffen, den Leuten eine kulturelle Pseudo-Aufwertung zu geben, wenn sie bei Pegida oder anderen Bewegungen mitlaufen. Dort agitieren sie mit einem moralischen Überlegenheitsgefühl gegenüber dem Westen. »Political Correctness«, Menschenrechte oder die Energiewende werden auf einmal westdeutsche Märchenerzählungen, gegen die man sich wehren müsse. Der Auftritt von Sigmar Gabriel in Heidenau im August 2015 mag exemplarisch dafür sein. Dort hatte er über Neonazis, die Steine auf Polizisten, Mitarbeiter des Technischen Hilfswerks und Flüchtlinge warfen, gesagt: »Das ist wirklich Pack und Mob, und was man da machen muss – man muss sie einsperren.«

Was machten die Organisatoren von Pegida daraus? Michael Bittner beschrieb dies in seiner Kolumne unter dem Titel »Die Karriere einer Lüge« sehr treffend: »Rasch waren die Montagsspaziergänger davon überzeugt, Gabriel hätte alle

Pegida-Anhänger als ›Pack‹ bezeichnet. Im Internet wurde die Lüge tausendfach geteilt. An einem Galgen baumelte symbolisch ›Sigmar ›das Pack‹ Gabriel‹. (…) Tatsächlich war Sigmar Gabriel einer der ersten, der einen Dialog mit den Pegida-Anhängern führte.«[69] Im Wahlkampf kamen dann ganz normale Menschen auf SPD-Kandidaten zu und sagten: »Ihr habt uns alle Pack genannt.« Sie meinten damit, »alle Ostdeutsche«. Man könnte nun über sogenannte *fake news* reden oder über die selbst erschaffenen Realitäten des Internets. Aber eigentlich zeigt diese Episode, wie tief und fest bei vielen der Nachwendefrust sitzt.

Durch nicht anerkannte Abschlüsse das Leben abgewertet

Wenn ich von Lebensleistungen spreche, die nicht anerkannt worden seien, werde ich öfter gefragt, worin diese nun eigentlich genau bestehen. An erster Stelle sehe ich hier die Berufskarrieren, die nach der Wende als wertlos erachtet wurden. Der Einigungsvertrag sah eigentlich in Paragraf 37 die »Gleichwertigkeit von Berufs- und Hochschulabschlüssen vor«, obwohl es für viele kein Äquivalent im Westen gab. Dass diese Anerkenntnis überhaupt durchgesetzt wurde, ist dem letzten DDR-Bildungsminister Hans Joachim Meyer zu verdanken, der diesen Punkt verhandelt hatte.[70]

Zwar wurden *Universitätsabschlüsse* weitgehend automatisch anerkannt, doch gab es in anderen Bereiche größere Probleme: Hatte man in DDR-Zeiten einen *Facharbeiter-* oder *Meisterabschluss* erworben, wird die Gleichwertigkeit bis heute nur auf Antrag bei der Industrie- und Handelskammer festgestellt.[71] Das Gleiche gilt inzwischen für *Fachhochschulabschlüsse*, die auf Antrag bei den zuständigen Kultus- oder Wissenschaftsministerien gleichgestellt werden. Allerdings bedurfte es dazu erst einer höchstrichterlichen Entscheidung. 1997 kam das Bundesverwaltungsgericht zu der Auffassung, dass die Gleichwertigkeit »auch bei solchen Abschlüssen anzunehmen ist, denen Ausbildungsgänge zugrunde liegen, die erhebliche fachliche Unterschiede aufweisen. Gleichwertigkeit bedeutet für das Bundesverwaltungsgericht in erster Linie eine formelle und funktionale Gleichheit der Ausbildungen. Inhaltlich setzt sie lediglich eine fachliche Annäherung voraus,«[72] wie die Kultusministerkonferenz letztendlich feststellte.

Damit war jedoch nicht alles ausgestanden. Wer noch in der DDR angefangen hatte, an einer *Fachhochschule* zu studieren, aber erst *nach* dem 31.12.1990 fertig wurde, war lange Zeit durch diese »Stichtagsregelung« benachteiligt: Für die Anerkennung des Abschlusses musste eine Zusatzausbildung absolviert werden. Die ostdeutschen Bundesländer gingen mit dieser willkürlichen Stichtagsregelung sehr unterschiedlich um: Mecklenburg-Vorpommern und Sachsen schafften sie 2011, Brandenburg 2013 endlich ab. In Thüringen und Sachsen-Anhalt dagegen galt sie weiterhin, bis erneut das Bundesverwaltungsgericht eingriff und die Regelung schließlich im Juni 2017 endgültig kippte – 27 Jahre nach der Wiedervereinigung!

Wurden Diplomgrade jedoch noch in der DDR erworben, können sie prinzipiell bis heute in keiner anderen Form als in der damals verliehenen geführt werden. Diese Praxis bestätigte wiederum das Bundesverwaltungsgericht 2005. Geklagt hatte eine sächsische Wirtschaftswissenschaftlerin, der 1988 an der Handelshochschule Leipzig der damals in der DDR übliche akademische Grad einer »Diplomökonomin« verliehen worden war. Mit diesem Titel sei sie gegenüber Berufskollegen aus dem Westen benachteiligt, argumentierte die Klägerin. Zwar stellte der Freistaat Sachsen fest, dass der Abschluss einem bundesdeutschen Hochschulabschluss gleichwertig ist. Den Wunsch der Klägerin, zusätzlich auch den Titel einer Diplom-Kauffrau zu führen, wie er in den alten Bundesländern üblich ist, lehnten die Leipziger Bundesrichter ab.[73] Obwohl die Frau in den Vorinstanzen den für die Jobsuche nützlicheren westakademischen Titel erzwungen hatte, war ausgerechnet das zuständige sächsische Ministerium in Revision gegangen, das bis zu diesem Zeitpunkt nur »in der Hälfte der Fälle (…) die Ost-Hochschulausbildung als gleichwertig mit der im Westen anerkannt« hatte. Die Begründung der Bundesrichter lautete schließlich: »Ein pauschaler Umtausch von DDR-Diplomen in westdeutsche Abschlüsse würde bundesdeutsche Grade faktisch entwerten.«[74]

Eine verlorene Generation sucht Arbeit

Während die jüngere Generation der unter 30-Jährigen nach 1990 nochmal durchstarten konnte und viele Ältere mit relativ guten Renten in den Ruhestand gingen, hatte es die Generation dazwischen deutlich schwerer. Sie hatten schon eine gewisse Zeit gearbeitet und eine berufliche Entwicklung genommen, hatten Familien gegründet und konnten nicht einfach so wie die anderen 1,4 Millionen Menschen, die aus Ostdeutschland bis 1993 abwanderten, in den Westen auf Arbeitssuche gehen und in den Westen umsiedeln.

Ein Zehntel der arbeitenden Bevölkerung führte eine Wochenendbeziehung. Die Pendler in den Westen leben nun teilweise schon mehr als zwei Jahrzehnte ohne die Nähe zu ihren Familien. Und wer noch keine Kinder hatte, bekam auch damals kaum noch welche.

Wenn eine ganze Gesellschaft beständig um ihre Arbeitsplätze zittert, kann das nicht gesund sein, sondern ist eine Belastung für die Familien, das kann ich auch aus eigener Erfahrung bestätigen. Ich musste, weil mein Rechtsstudium wegen »Staatsnähe« erst nach fünf Jahren anerkannt wurde, bei einer Krankenkasse als Vertreterin arbeiten.

Es stellte sich heraus, dass ausnahmslos alle mit mir anfangenden Außendienstberater entweder einen Ausbildungsberuf oder sogar ein Hochschulstudium absolviert hatten. Man musste damals einfach sehen, womit man seine Familie ernähren konnte, ohne es sich leisten zu können, auf seine eigentliche Qualifikation Rücksicht zu nehmen. Ich will nicht falsch verstanden werden: Die Aufgabe als solche war nicht erniedrigend, und ich habe den Job erfolgreich erledigt. Doch das tat ich gegen die Voraussage meines westdeutschen Chefs, der meine drei Kinder als unüberbrückbares Hindernis ansah, überhaupt den Job übernehmen zu können. Und dennoch: Arbeit unter dem eigenen Niveau annehmen zu müssen, beeinflusst letztendlich auch das Selbstwertgefühl.

Im falschen Staat gelebt?

Gesine Schwan, die zwei Mal und leider jedes Mal erfolglos für das Amt der Bundespräsidentin kandidierte, sagte Anfang 2018 in einem Interview unter der Überschrift »Persönlich zufrieden, kollektiv enttäuscht«, man habe bei der »Wiedervereinigung von Anfang an unterschätzt, dass es gar nicht in erster Linie um materielle Fragen geht, sondern viel mehr um psychische Dinge. Fragen der Wertschätzung, des Selbstwertgefühls. Bei der Vereinigung 1990 ist von westdeutscher Seite sehr stark der Eindruck vermittelt worden, dass man den Ostdeutschen zeigen muss, wo es langgeht. Dass man auch das Recht hat, sie zu befragen, ob sie integer und in Ordnung sind, weil sie ja in einer Diktatur gelebt haben. Das waren aus Sicht vieler Ostdeutscher Anmaßungen der Westdeutschen.«[75] Gesine Schwan spielt hier auch auf die immer wieder recht heftig geführte Debatte über die Frage an, ob die DDR ein Unrechtsstaat gewesen sei oder nicht: Von Medien, Politikern und neuen Chefs wurde uns Ostdeutschen vermittelt, letztendlich im »falschen Land« aufgewachsen zu sein.

Der Forderungskatalog, was man jetzt erst mal richtig machen müsse, war lang – und was war es nicht alles, was wir angeblich nicht konnten: arbeiten, Kinder betreuen, politisch denken. Noch 2013 sorgte Uschi Glas bei Markus Lanz für Aufregung, als sie behauptete, im Osten seien die Menschen zu unterqualifiziert, um einen Mindestlohn zu rechtfertigen. Ihre Entschuldigung nach vielen Protesten fiel dann recht müde aus.[76] In anderer Wahrnehmung klangen die Stereotype so: »Der Ostdeutsche ist rückständig, sieht irgendwie ostdeutsch aus, kann sich nicht gut ausdrücken, weiß nichts, hat keine Führungskompetenz, ist Nazi, arbeitslos oder ein Jammerossi.«[77]

Doch die »gelernten DDR-Bürger«, wie es noch heute manchmal heißt, waren nicht ganz unschuldig an ihrem

Image. Begierig nahmen sie die neuen Gepflogenheiten auf und an, so wie sie darauf gewartet hatten, endlich zu konsumieren und ihre Reisefreiheit zu genießen. Aber selbstbewusst zu formulieren, was ihnen durchaus etwas wert blieb, lag nicht im Zeitgeist. Wenn im Fernsehen tumbe Ossis dargestellt wurden, sprachen sie meistens sächsisch, um sie erst recht zu denunzieren, selbst wenn der Film an der Küste spielte. Und die Ossis lachten sich auch noch selbst aus: Legendär bleibt das Lied um den berühmten »Knallerbsenstrauch« am »Maschen-Draht-Zaun«.[78] Dass die meisten trotzdem ein schönes Leben gehabt hatten, wurde ihnen erst später bewusst – und es machte sie umso trotziger. Irgendwann kulminierte dieser Trotz in dem Satz, es sei ja nicht alles schlecht gewesen.

Die phänomenale Gleichzeitigkeit der sich überschlagenden Ereignisse, die schließlich zur Wiedervereinigung führten, wirkte auf uns von Veränderungen durchgeschüttelte Ostdeutsche wie ein Kulturschock: »Die massenhafte Konfrontation mit westdeutschen Standards bei den ersten Besuchen im Westen stellte beinahe alle in der DDR geltenden Werte und Orientierungen infrage, oft genug aber auf den Kopf. (...) Die Arbeitswelt, die gesamte Warenwelt, das Versicherungswesen, der Verkehr, die Zeitungen, das gesamte Bankwesen, das Personal an den Hochschulen, die Zusammensetzung der Eliten, viele Orts- und Straßennamen, die verwaltungstechnische Einteilung in Länder und Kreise, die Parteien, von den Ampelmännchen bis zu den Zündhölzern«, beschreibt es das Buch »Kulturschock Deutschland«.[79] »Nichts blieb, wie es vorher war.« Ich behaupte: Wer das nicht selbst miterlebt hat, kann sich schlicht nicht vorstellen, wie tiefgreifend der Wandel war.

Bislang hatten die Menschen eine riesige Schlange vor einem Arbeitsamt nur aus den Propagandasendungen des »Schwarzen Kanals« gekannt. In der neuen Realität selbst dorthin zu gehen und einen Antrag auf Arbeitslosengeld stellen zu müssen, war eine große Überwindung. Das war ein Bruch, den die Menschen vielleicht am Anfang gar nicht so gespürt haben, weil sie ihren Alltag zu bewältigen hatten, der aber noch Jahre später unheimlich stark nachgewirkt hat.

Eine bloße Kopie des Westens zu sein, würde bedeuten, nichts Eigenes mehr zu haben. Zwanghaft wird jetzt im Osten eine kulturelle Identität gesucht, die man selbst mit abgeschafft hat. Der bulgarische Politikwissenschaftler Ivan Krastev stellte in einem Interview mit dem *Spiegel* fest, viele in Osteuropa – und damit auch viele Ostdeutsche – fühlten sich »als Repräsentanten einer untergegangenen Kultur, einer verschwundenen Identität. Aber was bedeutet es, wenn jemand verschwindet? Wer verschwindet, hat keine Zukunft mehr. Wer keine Zukunft hat, kann auch nicht die Geschichte der eigenen Vergangenheit erzählen.« Es wäre eine »Geschichte eines totalen Versagens, eine Geschichte, die natürlich niemand erzählen möchte. Denn das hieße ja, alles, was man erreicht und erlebt hat, zählt: nichts. Und das produziert Wut.«[80]

Das ist übrigens mitnichten ein Phänomen, das es allein in Ostdeutschland gibt. Das zeigen die Wahlerfolge in den USA, in der Türkei, in Italien, in Frankreich oder Osteuropa. Und es erzeuge in all diesen Gesellschaften *zusätzlich* Wut bei jenen, die sich durch eine »exklusive Welt« – in unserem Fall von »dem Westen« – verhöhnt und missachtet sehen, so beschreibt Pankaj Mishra in seinem sehr lesenswerten Buch

»Das Zeitalter des Zorns« ein immer wieder kehrendes Muster. Solche Gesellschaften reagierten, indem sie »sich selbst genügen, leidenschaftlich patriotisch, trotzig nichtkosmopolitisch und nichtkommerziell« sein wollen. Es sei eine Gegenreaktion gegen den »korrumpierenden Drang, sich über andere zu erheben, die Täuschung der Armen durch die Reichen und das Gefühl, von einer egoistischen Minderheit abgehängt oder zurückgestoßen zu werden«.[81] Wenn die Spannung zwischen Hoffnung und Realität letztendlich zu groß wird, entsteht daraus Resignation.[82] Dazu kommt, dass die meisten Ostdeutschen in der Nachwendezeit keine Zeit, keine Kraft und selten Chancen hatten, sich mit diesen Fragen wirklich ernsthaft und intensiv zu beschäftigen.

In den USA nennen übrigens viele Liberale die ländlichen Gebiete zwischen Ost- und Westküste »Flyover States« und meinen, diese seien eigentlich nicht wichtig oder zurückgeblieben, jedenfalls nichts, was zu einem Zwischenstopp einlädt. Genau diese Flyover States wählten mehrheitlich Trump.

Im Internet wurde unlängst teils hämisch, teils belehrend ein Artikel aus dem *Spiegel* von 1990 zitiert,[83] in dem über die westdeutschen Auffanglager berichtet wurde, in denen damals viele von uns Ostdeutschen eintrafen. Darin wird die Angst der Bundesbürger thematisiert, »dass diejenigen, die nun Woche für Woche zu Tausenden mühelos die Grenzen passieren, das westdeutsche Sozialsystem sprengen und den Wohnungs- und Arbeitsmarkt zum Kollabieren bringen. (…) Die feindseligen Gefühle sind bei manchem zur offenen Ablehnung geworden, seit Massen von Neuankömmlingen spürbar den Arbeitsmarkt belasten«, heißt es dort. Es folgen Passagen über Steinewerfer, die Mauer zurückwünschende

Bürgermeister und brennende Übergangsquartiere in Köln und Stuttgart. »Vor allem bei den Ärmeren im Lande, die sich durch die Konkurrenz aus dem Osten noch weiter an den Rand der Gesellschaft gedrängt sehen, kocht nun Hass hoch. (...) Immer häufiger reagierten ortsansässige Wohnungssuchende ›mit nackter Wut‹ auf die DDR-Konkurrenz.«[84]

Die einen wollen uns Ostdeutschen damit den Spiegel vorhalten: Wie sie damals behandelt wurden, behandelten sie selbst heute die Flüchtlinge. Man könnte aber auch den Spieß umdrehen: Die Westdeutschen haben damals uns Ostdeutsche so schäbig behandelt wie manche Ostdeutsche heutige Flüchtlinge. »Dunkeldeutschland« gibt es in Ost und West. Damals hatten viele Westdeutsche Ängste, nicht den gerechten Anteil zu bekommen; sie hatten Angst, dass ihnen etwas weggenommen wird und sich etwas in ihrem Leben ändert.

In den letzten Monaten bin ich bei meinen Reisen, Gesprächen und Vorträgen nicht selten einem westdeutschen Vorurteil begegnet, das den Ressentiments vieler Ostdeutscher gegenüber Flüchtlingen gleicht: »Die haben doch schon genug Geld bekommen. Für die wird Geld ausgegeben, aber für uns ist nichts da.« Ich sage erneut: Ich kenne das.

Nochmal: Die Geschichte vom guten Ossi und dem bösen Wessi ist Unsinn. Wir müssen auch uns selbst befragen: Sind wir nicht doch undankbar gegenüber den Transferleistungen gewesen, auch wenn wir natürlich als Absatzmarkt gerade gut genug waren? Haben wir uns wirklich mit der westdeutschen Geschichte und deren Folgen beschäftigt? Sind wir nicht blindlings der D-Mark und den Bananen hinterhergelaufen? Haben nicht auch viele Ossis ihr Schäfchen ins Trockene gebracht und allzu schnell gelernt, wie man das macht? Haben wir uns nicht auch selbst manchmal zu Idioten degradiert und von dem Kakao, durch den wir gezogen wurden, auch noch getrunken?

Ich will nicht, dass wir jammern. Ich will Gerechtigkeit. Wir sind keine Bürger zweiter Klasse. Allerdings müssen wir dann auch selbst so auftreten: auf Augenhöhe und selbstbewusst. Und wir müssen anerkennen, dass auch viele westdeutsche Städte einen enormen Strukturwandel hinter sich haben – nicht über Nacht und in der Dimension, so wie wir es in der Wendezeit erlebt haben, aber die Einzelschicksale ähneln sich. Es wäre fatal, wenn wir uns gegeneinander ausspielen lassen. Die Flüchtlinge können nichts für die Nachwendezeit. Sie können auch nichts für den Einzelnen, der ein Leben lang zu Niedriglöhnen gearbeitet hat und dann genauso in der Grundsicherung landet wie sie. Solidarität ist so nötig wie die Aufarbeitung des Gewesenen.

Geschichte auf dem Müll

Der *Deutschlandfunk* erinnerte im letzten Jahr an ein vertrauliches Gespräch, das Helmut Kohl und der Historiker Fritz Stern in den 90er Jahren geführt hatten. Stern fragte den Kanzler, welche Fehler er bei der Wiedervereinigung gemacht habe. Es wird beschrieben, Kohl habe lange gezögert. Schließlich sagte er, er habe es versäumt, offen darüber zu reden, dass nicht alles in der DDR falsch war und im Westen nicht alles richtig.[85]

Offenbar kam man in der alten Bundesrepublik überhaupt nicht auf den Gedanken, dass man mit der Wiedervereinigung eine große Chance haben könnte: nämlich die Chance, auch sich selbst zu erneuern. Forderungen von DDR-Oppositionellen zu Veränderungen des Grundgesetzes, in dessen letztem Artikel 146 selbst die Erarbeitung einer neuen Verfassung vorgesehen war, sobald beide deutschen Staaten einst wieder vereint wären, wurden von den Konservativen abgelehnt, wie der Historiker Philipp Ther beschreibt: »In Bonn herrschte zwar kein offener Triumphalismus wie in Washington (…), aber man wollte sich nicht von irgendwelchen Bürgerrechtlern, die ein Jahr zuvor noch für den ›dritten Weg‹ oder den Fortbestand der DDR eingetreten waren, sagen lassen, wie die Verfassung oder gar die Zukunft des vereinigten Deutschland zu gestalten sei. (…) Die deutsche Vereinigung war politisch und rechtlich eine Erweiterung der ›alten‹ Bundesrepublik«.[86]

1989 war ein Jahr eines ungeheuren Aufbruchs. Viele wollten etwas ändern, sich einbringen. Sie hatten die »Runden Tische« als eine basisdemokratische Sternstunde erlebt. Überall wurde über Politik und Demokratie geredet. Diese wunderbaren, offenen Diskussionen, über deren Ergebnisse man geteilter Meinung sein kann, ebbten aber schnell ab. Man hatte keine Zeit mehr für derlei »Plauderrunden«. Spätestens nachdem 1992 in der gemeinsamen Verfassungskommission von Bundestag und Bundesrat von der Regierungskoalition aus CDU/CSU und FDP die Einführung einer Volksgesetzgebung verhindert worden war, zogen sich die ignorierten Bürgerrechtler mehrheitlich gekränkt zurück.

Aber, wie ich schon weiter oben angedeutet habe, es waren auch die Ostdeutschen selbst, die sich ihrer teils sehr naiven Fortschrittsgläubigkeit nicht bewusst waren und am liebsten ihre ganze Geschichte auf den Müll geworfen hätten, nur um sich so schnell wie möglich zu assimilieren. Der Psychologe

Hans-Joachim Maaz hat darauf hingewiesen, dass wir etwa »soziale Werte, die in der DDR wichtig waren, im Zuge des Vereinigungsprozesses von Ost und West voreilig aufgegeben haben. Oder missachtet oder schlecht bewertet haben, in der naiven Vorstellung, dass jetzt nur alles besser werden kann.«[87] Wir Ostdeutsche kauften keine Ostprodukte mehr und rissen unsere Schulbücher in Stücke, so wie der übereifrige Musiklehrer einer Dorfschule, der der Meinung war, das sei ohnehin alles nur »rotes Zeug«. Was aus dem Westen kam, konnte nur besser sein.

Errungenschaften ohne Wert

Von all den guten und schlechten Erfahrungen hätte man lernen können. Man hätte die guten Seiten des DDR-Lebens prüfen und weiterentwickeln können. Doch das Gegenteil war der Fall. »Im gesellschaftlichen Diskurs schien festgeschrieben, dass der Westen sich nicht ändern, nichts dazulernen musste. Der Westen blieb, wie er war, und sollte dem Osten helfen, auch so zu werden«[88], bilanziert die Autorin Anja Staemmler. Auch das ist eine Frage der Deutungshoheit, wenn de facto überhaupt keine Errungenschaften vom Osten in den Westen transferiert worden, ja meistens nicht einmal darüber nachgedacht wurde.

Allerdings wird mittlerweile »neu« erfunden, was es bei uns schon gab: Was man jetzt etwa als Ärztehaus oder Medizinisches Versorgungszentrum wieder schafft, gab es in der DDR bereits als Poliklinik. Dort hatten die unter einem Dach praktizierenden Fachärzte tatsächlich mehr Zeit für den Patienten, weil sich ein gemeinsames Büro um die Verwaltung aller Formalitäten kümmerte. Die Patienten konnten bei Weiterbehandlungen oder Überweisungen ohne großen Zeitverlust und Aufwand zum nächsten Arzt gehen. Nach der Wiedervereinigung wurde zunächst ihre Stilllegung zugunsten von Einzelpraxen niedergelassener Ärzte gesetzlich verordnet. Heute wird es als Innovation verkauft.

Ein anderes, mir sehr wichtiges Thema ist das damalige Schulsystem. Damit mir nicht das Wort im Mund herumgedreht wird: Ich meine nicht die ideologische Seite, sondern die administrative. Ich fand es richtig, dass bei uns die Lehrer alle nahezu gleich bezahlt worden sind, dass man keine großen Unterschiede gemacht hat zwischen dem Grundschullehrer oder einem Oberschullehrer. Es gab Erzieher mit Lehrerausbildung, die am Nachmittag im Hort präsent waren und damit tatsächlich bei einer Hausaufgabe helfen konnten. Denn Eltern sollten, wenn sie arbeiten gehen, sich nicht um 19 Uhr noch mit ihrem Kind vor die Hausaufgaben setzen. Ob man nun besser nach zwölf oder dreizehn Jahren Abitur macht, bleibt dahingestellt. Die alten Bundesländer haben teilweise die zwölf Jahre der DDR übernommen, um wenig später wieder das Rad zurückzudrehen. Die Anforderungen sind gewiss gewachsen, aber sie haben sich meiner Ansicht nach sehr theoretisiert. Warum war die Idee einer polytechnischen Ausbildung schlecht? Es schadete niemandem, die Mühen der Produktion und die Bedingungen in Fabriken und Werkstätten im Rahmen des Unterrichts kennenzulernen, selbst wenn er später mal studieren will, im Gegenteil.

Ebenso nachvollziehbar ist für mich, dass viele Eltern der Meinung sind, dass eine Entscheidung zwischen gymnasialer Oberstufe und Zehnklassenabschluss in der 4. Klasse zu früh sei. 2007 haben wir in Geithain, einer Kleinstadt zwischen Chemnitz und Leipzig, eine Gemeinschaftsschule eingerichtet, die das Konzept der späten Entscheidung (wieder) aufnahm und variierte: Bis zur Klasse 10 können die Schüler gemeinsam lernen, danach entscheiden sie sich, ob sie abschließen oder am selben Haus das Abitur ablegen wollen. Bis dahin hatte die Schule das Problem wie viele im ländlichen Raum: Es waren einfach zu wenige Schüler da. Innerhalb von zwei Jahren nach Einführung des neuen Konzepts musste die Schule bis zu sechs Klassen pro Jahrgang einrichten. Weil es den Eltern unheimlich wichtig ist, dass die Kinder so lange wie möglich kurze Schulwege haben und entscheiden können, ob die Hochschulreife für sie passt oder nicht. Ach ja, als Vorbild für diese Schule gilt offiziell Skandinavien – nicht der Osten.[89]

Oder nehmen wir die Frage der Familiengründung. Das Kinderkriegen ist heute oftmals sorgenbehaftet, weil man das Gefühl hat, sich zwischen Beruf und Familie entscheiden zu müssen. Eine Entscheidung für Kinder bedeutet wiederum häufig, ein geringeres Einkommen, höhere Haushaltskosten, schlechtere Karrierechancen und eine geringere Alterssicherung zu akzeptieren. Gutes Zureden und symbolische Wertschätzung gibt es genug, gebraucht wird jedoch deutliche finanzielle Unterstützung. Man kann und sollte nicht alles mit Geld allein regeln, aber etwas familienfreundlicher kann man schon sein. 1990 wurde kurz der Haushaltstag für alle diskutiert. Dieser war zu DDR-Zeiten ein zusätzlicher freier Tag im Monat für berufstätige Frauen mit Kindern, Frauen ab 40 und alleinerziehende Männer.

Er sollte Vollbeschäftigten die Möglichkeit für Behördengänge, Arztbesuche und den Hausputz eröffnen. Im Westen

Deutschlands war dies allerdings kaum ein Thema, hier zeigte man sich eher verwundert über die hohe »Erwerbsneigung« ostdeutscher Frauen. Die gesamtdeutsche Familienministerin Angela Merkel ging Anfang der 1990er Jahre davon aus, dass die Erwerbstätigkeit von Frauen in den neuen Bundesländern zurückgehen werde und dies »natürlich« sei, »weil es die [frühere] Möglichkeit, Hausfrau zu sein, eigentlich nicht gab«. Es wurde davon ausgegangen, dass sich die »Erwerbsneigung« ostdeutscher Frauen an das »westdeutsche Niveau angleichen« würde.[90] Das war nicht nur eine krasse Fehleinschätzung. Es ist ein weiteres Beispiel, wie ostdeutsche Interessen und positive Erfahrungen einfach übergangen wurden – und das auch noch von einer Frau aus der ehemaligen DDR. Dabei hatte der Osten einen sehr großen Vorsprung bei der Gleichberechtigung der Frauen.

Was sich zum Glück erhalten hat und nun Modell steht für die alten Bundesländer, ist das Kinderbetreuungssystem. Dabei wollten westdeutsche Konservative zur Wendezeit ernsthaft das Kitasystem abschaffen. Der Anspruch auf einen Krippen- und Kitaplatz spielte bei den Verhandlungen zur Deutschen Einheit keinerlei Rolle und ist erst in den letzten Jahren endlich entschieden worden. Als ich in den 1990er Jahren auf einer Tagung in der Schweiz war, wurde der Kinderhort dort als neueste Errungenschaft gepriesen. Eine absurde Situation für mich!

Der aus Dresden stammende Journalist Peter Richter schrieb 2017 dazu: »Das Tragische ist, dass jeder, der die Dichte an Krippen und Kindergärten im Osten lobt, den Westen ein Stück weiter in seine selbstverschuldete Mittelalterlichkeit stößt. Auf jeden Hinweis, dass zumindest dies nicht so schlecht geregelt war im Osten, folgt ein erbittertes *Gerade-darum-nicht*. So hat es Westdeutschland geschafft, in diesem Punkt so ziemlich die rückständigste Region Europas zu sein.«[91] Die Ideen wurden immer aus Skandinavien kopiert, aber an Ostdeutschlands Traditionen wollte sich kaum jemand erinnern können. Ironisch kommentierte Peter Richter, man brauche die DDR und ihr Kindergartensystem zum Glück nicht, »man kann auch jedes andere Land zum Vorbild nehmen. Überall ist es besser. Nur bei uns wird Frauenarbeitslosigkeit zum Wert an sich hochgejubelt und in einem archaischen Hausfrauentum idealisiert«.[92]

Der Gipfel der Abschätzigkeit im Zusammenhang mit dem vielgescholtenen Hortsystem der DDR war 1999 die absurde These des westdeutschen Kriminologen Christian Pfeiffer, der ostdeutsche Schläger mit ihrer frühkindlichen Sozialisation erklären wollte, denn sie hätten in DDR-Kinderkrippen immer zur gleichen Zeit auf dem Töpfchen sitzen müssen. Es kann nicht verwundern, dass Pfeiffer damit eine Welle der Entrüstung auslöste: »Nie wurde das Erziehungssystem der DDR so vehement verteidigt wie heute«, stellte Toralf Staud in der *Zeit* fest. »Hätte Christian Pfeiffer damals [vor 1990] die Bildungsanstalten kritisiert, er hätte vor allem Zustimmung erfahren. Heute wollen die meisten Ostdeutschen anscheinend gegen den Feind von außen zusammenstehen.«[93]

Heimatlos im neuen Land

Nach dem Umbruch hatte niemand Zeit und Raum, irgendwelche Trauerarbeit zu leisten. Es war eine Phase, in der alle nur nach vorn geblickt haben. Aber eine Gesellschaft, die ihre

Geschichte wie eine alte Haut von sich wirft, wird irgendwann wieder davon eingeholt. Noch dazu, wenn ostdeutsche Geschichte bis heute kaum Teil der Gesamterinnerung ist, und die Deutungshoheit, was gut und was schlecht war, maßgeblich in westdeutscher Hand liegt. Nun führt der Blick zurück viele Jahre später zu einer Überidentifikation mit dem eigenen Leben in der DDR. Eine Art Patriotismus entsteht, den es früher in dieser Form gar nicht gab. Nun entsteht er aus Trotz, doch das ist nicht wirklich gesund.

Eine sehr erfrischende Sicht auf die Dinge hat die sogenannte »Dritte Generation Ost« – eine lose Vereinigung inzwischen nicht mehr ganz junger Menschen, die die Wendezeit als Kinder und Jugendliche erlebt haben. Sie blicken mit analytischem Blick auf ihre eigene Jugend zurück mit dem »Gefühl, dass wir durchaus etwas zu sagen haben«, und erobern sich so ein Stück Deutungshoheit zurück. »Unsere Eltern beschäftigten sich [zur Wendezeit] mit eigenen Problemen: Werte- und Wirtschaftssysteme brachen zusammen, sie mussten sich selber finden und hatten keine Aufmerksamkeit für ihre Kinder übrig. Wir wuchsen sozusagen allein auf. Uns fehlten Vorbilder und Vertrauen, das zum Teil bis heute gestört ist.« Einer eigenen Verstrickung in das DDR-System völlig unverdächtig, kommt diese Generation mit sogenannter »Biografiearbeit« aus der Deckung und fragt nach, wie es »wirklich in der DDR [war], ohne dass sich erst einmal jemand verteidigen muss, von dort zu stammen«. Dabei stärkt die engagierte Truppe das Selbstbewusstsein, eine »höhere Bereitschaft« zu haben, »auch grundsätzliche Dinge in Frage zu stellen«[94]. Es sind Bücher entstanden und Forschungsprojekte. Sogar der Bundespräsident empfing die Gruppe.

Nicht alle jungen Menschen beschäftigen sich so intensiv mit ihrer Herkunft. Viele gingen oder müssen gehen. Oder sind nur am Wochenende zu Hause. Das macht ihre Heimat kaputt. Dabei zeigt die weiterhin hohe Zahl an Pendlern, dass die Menschen nicht einfach so verpflanzt werden können. Fuhren 1999 noch 308 000 Menschen vom Osten in den Westen zur Arbeit, waren es 2016 schon 404 000.[95] Dass der Job weit weg ist, bildet natürlich auch ein generelles Problem unserer Gesellschaft ab, aber angesichts der Strecken, die teilweise dafür Woche für Woche auf sich genommen werden, muss man schon fragen, was das mit einer Gesellschaft macht. Abwanderung und Strukturwandel haben die ländlichen Regionen ausgedünnt. Von den jungen Menschen gehen vor allem gut Ausgebildete, und meist sind das Frauen. Damit verschärft sich ein Problem für die vereinsamten Männer.[96] Einer davon schrieb mir ernsthaft: »Wenn Sie für mich auf dem Land eine Frau finden, gehe ich nicht mehr zu Pegida.«

Während einzelne Städte wieder Zuzug erleben oder hier zumindest die Abwanderung stagniert, sieht es auf dem Lande anders aus. Technokraten nennen das »Demografischer Wandel«. Für die einzelnen Menschen bedeutet es häufig »Einsamkeit«. Und das ist das Gegenteil von Heimat.

Heimat ist dort, wo Freunde und Verwandte sind. Heimat heißt Geborgenheit, innere Ruhe. Doch Heimat macht noch etwas anderes aus: Auch in Sachsen zog sich der Freistaat durch seine »Strukturpolitik« aus der Fläche zurück: Landkreise wurden zu riesigen Gebilden zusammengelegt, Polizeireviere eingespart, Finanzämter fusioniert, Krankenhäuser ebenso. Die Verwaltung wurde immer ferner. Kreistage und Gemeinderäte immer unnahbarer.

Doch es geht nicht nur um den administrativen Rückzug. Öffentliche Begegnungsstätten wie Sportvereine, Kulturhäuser oder der Dorfkonsum bilden ebenfalls Heimat. Menschen sehnen sich nach kultureller Verwurzelung und sozialer Zugehörigkeit. Doch wenn diese integrative Kraft zerbröckelt, zerfällt auch der gesellschaftliche Zusammenhalt.[97] Wenn ich in meinem Dorf lebe, dann ist es weniger wichtig, ob alles so aussieht wie vor 100 Jahren, sondern viel entscheidender, ob die Menschen aktiv miteinander leben. Ob es eben ein Dorfleben gibt. Heimat ist für mich kein Ort, sondern ganz einfach ein Gefühl. Doch wenn dieses Gefühl erodiert, entwurzele ich als Mensch.

Es fehlt an Bezugspersonen

Was man dagegen braucht, würde ich »Kümmerer« nennen. Früher hat es in jedem noch so kleinen Ort jemanden gegeben, der als Kommunikator fungierte und letztlich jede Familie kannte. In Großpösna bei Leipzig, wo ich Bürgermeisterin war, haben sich der Pfarrer und ich immer abgewechselt, wenn es darum ging, bei Geburtstagen oder schweren Schicksalsschlägen direkt bei den Menschen zu sein. Oft waren wir auch zusammen da und saßen mit den Familien in großen Runden. Natürlich hat es für solche Besuche einen konkreten Anlass gegeben. Aber nebenbei konnte ich den Mitmenschen beim Kaffee erklären, warum gerade eine neue Straße gebaut wird und weshalb das so lange dauert. Im Gegenzug berichteten sie mir ihre Familienangelegenheiten: Der eine Sohn ist arbeitslos, der andere macht Abi, die Tochter ist gerade in den Westen gegangen.

Diese Art von Kommunikation ist mit den Verwaltungsreformen stark zurückgegangen, ja gar nicht mehr möglich. Im Übrigen auch bei der Kirche. Manche behaupten sogar, dass der Populismus umso besser gedeiht, je größer die Gemeindezusammenschlüsse und Landkreise werden.[98] Das kann stimmen. Ich weiß nicht, wie viele Gebietsreformen wir im Osten schon durchgemacht haben, ob auf Kreis- oder Gemeindeebene. Aber ich weiß, dass es als Bürgermeisterin schon einen Unterschied macht, ob ich einer Gemeinde mit 3000 oder einer Verwaltungseinheit mit 20 000 Einwohnern vorstehe. In einer Zeit, als noch viel Gesprächsbedarf bestand, ist durch die Entfremdung der Verwaltungslandschaft auch eine wichtige menschliche Kommunikationslinie durchbrochen worden. Aus heutiger Sicht halte ich das für einen Riesenfehler, weil beispielsweise Bürgermeister unheimlich viel auf emotionaler Ebene klären konnten, was weder etwas mit Geld noch mit politischen Entscheidungen zu tun hatte.[99]

Wann sollte man Demokratie lernen?

Von vielen dieser Menschen höre ich, wenn ich durch die Lande ziehe: Nun kümmern Sie sich mal! Sie sind doch dafür zuständig! Wer seine Wünsche nicht sofort umgesetzt sieht, wendet sich von der Politik ab.

Im System der DDR gab es die Möglichkeit der Eingabe. Das waren Vorschläge, Hinweise, Anliegen und Beschwerden an den Rat des Kreises, den Rat des Bezirkes oder gar den Staatsrat. Man gab quasi fein formuliert seine Bedenken bei der offensichtlich zuständigen Stelle ab. Man hatte sich damit geäußert. Man hatte ja etwas versucht. Mehr ging fast nicht.

Mutige Beschwerdeführer drohten gar damit, nicht zu den nächsten Wahlen zu gehen. Damit wurde es aber auch schon langsam gefährlich.

Manchmal kommt es mir vor, als sei dieses Denken von vielen in die Demokratie mitgenommen worden. Man beschwert sich. Und wenn sich nicht sofort (und von selbst) etwas tut, dann geht man nicht mehr wählen und stellt letztendlich das System infrage. Politisch organisieren und demokratisch engagieren – das haben wir scheinbar immer noch zu wenig geübt. Hier haben wir die dringende Aufgabe, die politische Bildung zu stärken. Ich bin oft genug im Schulunterricht gewesen und habe so eine Art politische Stunde gemacht. Wenn ich dort fragte, wer denn eigentlich der Bürgermeister des Ortes sei, konnte mir manchmal noch nicht einmal die Lehrerin antworten.

Älteren Kollegen kann man dabei nicht einmal verdenken, dass sie gerade in der Nachwendezeit möglichst die Finger vom heißen Eisen Politik ließen: Einerseits waren sie selbst nicht vertraut mit dem neuen System, andererseits schwebte über allem Ostdeutschen der dunkle Schatten ideologischer Indoktrination. Sie hatten Angst, wieder etwas falsch zu machen, und so wurde dem Politischen im Unterricht zu wenig Raum zugestanden.

Aber Politik lebt nun mal sowohl von theoretischem Wissen als auch von der praktischen Erfahrung. In Großpösna spielte ich daher schon mit Grundschülern Gemeinderat. Dabei setzte ich ihnen nicht nur den imaginären Etat vor und ließ sie aus zehn Dingen entscheiden, was davon sie machen wollen, sondern auch darüber diskutieren, warum und wie sie es gern hätten. Und ich habe diese »Entscheidung« auch umgesetzt. Daraus ist dann in der Realität beispielsweise ein Waldspielplatz entstanden, das Ergebnis demokratischer Teilhabe wurde für die Kinder im wahrsten Sinne des Wortes greifbar.

Wir Erwachsenen, Bildungspolitiker und Lehrer sollten uns nicht darüber hinwegtäuschen, dass Kinder und Jugendliche ein unheimliches Bedürfnis haben, ihre Fragen zu stellen, ihre Probleme zu schildern und Entscheidungen zu hinterfragen. Wenn aber heutige Lehrer zum Beispiel bei der Flüchtlingsfrage gar nicht wissen, wie sie darauf reagieren sollen oder unsicher sind, wie sie in einer solchen Diskussion ihre Rolle bewahren, dann fällt solch ein Thema einfach schnell unter den Tisch. Deswegen fängt politische Bildung auch bei den Lehrern an und setzt sich fort mit einem guten Stundenplan, der Zeit für tagespolitische Diskussion lässt. Ich bin fest überzeugt: Dann wächst auch das Verständnis, wie ein Gemeinderat, ein Stadtrat, ein Kreistag, ein Landtag und der Bundestag funktionieren und dass man all diese Gremien braucht.

Plötzlich jeder gegen jeden

Die Nachwendezeit ging mit einer Entsolidarisierung ungekannten und teilweise erschütternden Ausmaßes einher: Weil nun jeder den anderen beargwöhnte, brach der einstige Zusammenhalt völlig auseinander, nicht unbedingt in der Nachbarschaft, aber in den Arbeitskollektiven, die sich nun Teams nannten, auf jeden Fall. In einer Schicksalsgemeinschaft rückt man eher zusammen. Zwar war die DDR-Gesellschaft zuvorderst eine Not-Schicksalsgemeinschaft: Man brauchte eben die Bohrmaschine des Nachbarn, weil man selber keine hatte. Oder man benötigte einen guten Kontakt zum Mechaniker oder zu einem Fliesenleger. Aber andererseits sorgten die gemeinsamen betrieblichen Ausflüge ins Theater, sorgsam und mit Foto im Brigadetagebuch festgehalten, immerhin dafür, dass manche überhaupt mal auf dem roten Plüschsessel eines Theaters saßen. Ausflüge, Kneipenabende, Geburtstage – die Gemeinschaft prägte das Leben des DDR-Bürgers.

Heute reicht vielen das Kulturangebot der Heimatsender. Ich möchte nicht wissen, wie viele von uns Ostdeutschen 30 Jahre nicht mehr im Theater waren. Als kurz nach 1990 eine Nachbarin von mir, Sekretärin von Beruf, ihrem neuen Westchef erzählte, sie habe ein Anrecht für die Leipziger Gewandhauskonzerte, staunte der Löcher in die Luft. Das war er von Sekretärinnen nicht gewohnt, und es schien ihr sogar, als gestände er es ihr innerlich auch nicht richtig zu. In der DDR war Hochkultur etwas für jeden Geldbeutel. Wurde das neuerdings nur etwas für feinere Herrschaften, die sich für die Elite hielten?

Mit den neuen Zeiten nahm die soziale Spaltung massiv zu, und es brach Neid aus. Wo dazumal Professoren und Straßenbahnfahrer in einem Plattenbau auf derselben Etage gewohnt hatten, entmischten sich die sozialen Milieus. Wer konnte, zog aus den einst heißbegehrten, aber nun heruntergekommenen Wohnquadern weg. Hausbesitzer waren in der DDR noch belächelt worden, weil sie sich abrackerten, um die Gebäudesubstanz in der Mangelwirtschaft irgendwie zu erhalten, anstatt mit warmem Wasser aus der Wand für sehr geringe Miete zu wohnen. Mit der Wiedervereinigung durften sie triumphieren, wenn sie das Haus behalten konnten.

Eigenheimsiedlungen schossen wie Pilze aus dem Boden, auch in unserer Gemeinde. Alte umfassend sanierte Villen in den noblen Stadtvierteln, die allermeisten davon nunmehr in westdeutschem Besitz, zeugen von der immensen Aufbauarbeit nach der Wende. Hier wohnen inzwischen die, die es sich leisten können. Vornehm nennt man das heute »Gentrifizierung«. Die Folge ist, und diesen Effekt gibt es mittlerweile überall, dass Besserverdienende und Prekariat in unterschiedlichen Stadtvierteln wohnen. Und in Dörfern und Kleinstädten, wo man weiterhin wohl durchmischt nebenan wohnte, schwirrten stumm gestellte Fragen über den Gartenzaun: Schickt mein Nachbar sein Kind aufs Gymnasium? Schafft es auch mein Kind? Verdient er mehr als ich, obwohl seine Frau aufs Amt geht? Hat er schon sein Haus modernisiert, und ich heize noch mit Kohlen? Hat der es geschafft, was mir versagt blieb? Scham und Neid erblühten wie die Vorgärten, in die man sich in den Familienkreis zurückzog.

Aber wer nur noch ums eigene Wohl bedacht ist, ignoriert nicht nur den anderen, sondern hält das, was er erarbeitet hat, eifersüchtig beisammen. Das macht mir Sorgen, weil ich glaube, dass eine Gesellschaft nicht funktioniert, wenn nur noch jeder an sich denkt. Inzwischen erleben wir es nicht nur in der Stadt, sondern auch auf dem Dorf, dass Menschen in aller Einsamkeit sterben.

Natürlich ist diese Individualisierung ein globaler Trend und wurde tausendfach in soziologischen Abhandlungen beschrieben. Und viele Menschen genießen diese Entwicklung auch. Aber wir Ostdeutschen kennen Gesellschaft eben auch anders. In den letzten Jahren scheint mir, vermissen das inzwischen auch immer mehr. Und etwas mehr Gemeinsamkeit und Solidarität täte uns vermutlich allen gut. Die Soziologin Cornelia Koppetsch schreibt über unsere heutige Zeit: »Zahlreiche Entwicklungen haben eine größere Zahl von Menschen spürbar verstört. Dazu gehört, dass Gemeinsinn, Aufrichtigkeit, Bescheidenheit und Prinzipientreue heute weniger zählen als Weltgewandtheit, unternehmerisches Geschick und Flexibilität. Das wirkt auf viele oberflächlich, und der Eindruck entsteht, dass jeder für sich allein sorgen muss.«[100]

Wo sind die ostdeutschen Eliten?

Warum der Westen noch immer den Osten beherrscht

Eine ostdeutsche, ursprünglich aus Mecklenburg stammende Bekannte berichtete mir von einer besonderen Begebenheit: Als die gut aussehende, schick gekleidete Frau mittleren Alters in der Post in einem kleinen Ort bei Dresden Briefmarken kaufen wollte und dies etwas länger dauerte, weil sie erst ihre Lesebrille finden musste und noch eine Frage hatte, wurde sie auf einmal von hinten von einem älteren Mann angefeindet, was schließlich in dem Satz gipfelte: »Ihr habt uns so was von beschissen, Ihr aus dem Westen, betrogen habt ihr uns!« Der Mann hatte die schicke Frau für eine »Wessi« gehalten und ließ an der völlig unbekannten Person seinen Groll aus. Geschichten dieser Art werden mir immer wieder erzählt und gerade in letzter Zeit immer häufiger. Was ist da los?

Spätestens nachdem die Volkskammer und die DDR abgewickelt waren, entschieden ja in der Tat meistens Westdeutsche: in der Treuhand, in der Bonner Regierung und auch an den Schaltstellen der Macht in den neuen Ländern. Viele der friedlichen Revolutionäre und Politiker der Nachwendezeit verschwanden aus der Öffentlichkeit, manche, weil sie als Stasi-Spitzel enttarnt wurden, andere, weil sie sich enttäuscht zurückzogen oder weil sie auf eher unbedeutende Posten abgeschoben wurden.

Und während sich viele im Osten selbst beim Verlieren zusahen, schienen andere zu gewinnen. Führungspositionen wurden vorrangig mit Westdeutschen besetzt. Der Präsident der Bundeszentrale für politische Bildung, Thomas Krüger, sprach von einer »Dominanz der Westdeutschen in den Eliten«, was in Ostdeutschland von vielen als »kultureller Kolonialismus« wahrgenommen werde.[101]

Der Vorwurf des alten Mannes knüpft an eine Erfahrung vieler Ostdeutscher an: Beinahe jeder und jede Ostdeutsche ist irgendwann einmal übers Ohr gehauen worden. Die Geschichten von überteuerten, schrottreifen Gebrauchtwagen oder unnützen Versicherungen sind Legenden. Es gibt unzählige Beispiele, wie damals Menschen über den Tisch gezogen wurden, weil sie – oftmals zutiefst gutgläubig – die neuen Regeln nicht überblicken konnten.

Wer wissen will, woher im Osten das tiefsitzende Misstrauen und der Hang zu Verschwörungstheorien kommen, der sollte an dieser Stelle suchen. Thematisiert wurde das bislang kaum. Die meisten Westdeutschen haben bis heute nicht verstanden, was die Nachwendezeit wirklich für die Menschen im Osten bedeutete: Wenn heute viele über die Skepsis gegenüber Eliten und Institutionen in Folge der Finanzkrise reden, dann kann ich nur sagen: genau einen solchen knallharten Turbokapitalismus haben wir Ostdeutschen schon 20 Jahre früher erlebt, nur wurde darüber bislang wenig geredet. Viele fragten damals verwundert: Und das soll Demokratie sein?

Ich will nichts beschönigen: Auch einige Ostdeutsche waren raffgierig, hatten DM-Zeichen in den Augen, wollten zu viel und haben andere reingelegt. Viele beuteten nach 1990, oft als Subunternehmer westdeutscher Unternehmer, ihre eigenen Freunde oder ihre eigenen Familien aus. Es gab zudem auch Seilschaften alter Funktionäre und Stasi-Kader, die sich ebenfalls ihren Teil des Kuchens gesichert haben.

Bewerber aus dem ehemaligen Ostmanagement, die das Ziel hatten, den »Betrieb zu erhalten und unternehmerisch tätig zu sein«, wurden bei der Treuhandanstalt auch deshalb pauschal kritisch beäugt. Man witterte überall rote Seilschaften. Potenzielle Käufer mussten sich von der Treuhandanstalt, Banken und der Stasi-Unterlagen-Behörde untersuchen lassen. Die Folge ist bekannt: Von 1600 bis Ende April 1991 verkauften Betrieben gingen über 1500 an westdeutsche Unternehmen. Ausländische Unternehmen und ostdeutsche Interessenten kamen hingegen kaum zum Zuge. Bis 1994 fielen 80 Prozent des von der Treuhandanstalt verwalteten ehemals ostdeutschen Produktionsvermögens an Westdeutsche, 14 Prozent an Ausländer und sechs Prozent an DDR-Bürger. Hier zeigt sich übrigens ein großer Unterschied zu unseren osteuropäischen Nachbarländern, die ebenfalls ihre Wirtschaft in die neue Zeit retten mussten: Dort wurden Bewerbern aus dem eigenen Betrieb Vorzugsbedingungen eingeräumt, um die Firma zu übernehmen.

Wer beherrscht den Osten?

Eine Studie der Universität Leipzig unter dem Titel »Wer beherrscht den Osten?« ergab, dass in den in Ostdeutschland angesiedelten Bereichen der Verwaltung, Justiz, Wirtschaft, Wissenschaft, in Medien und Militär gerade mal 25 bis 35 Prozent der Spitzenpositionen – in einigen Bereichen sogar nur ein Prozent – von Ostdeutschen besetzt sind. Obwohl 87 Prozent der Einwohner ostdeutscher Herkunft sind, spiegelt sich das an den Schaltstellen der regionalen Macht nirgendwo prozentual wider: Nur 23 Prozent beträgt dort im Schnitt der Anteil der Ostdeutschen. »Lediglich in der Justiz, in Teilen der Wirtschaft, in der Bundeswehr und in einigen Medien ist ein, allerdings sehr langsames, Nachrücken festzustellen«, heißt es in der Studie.[102]

Bundesweit fällt die Unterrepräsentanz in zentralen Führungspositionen noch mehr auf: Nur 1,7 Prozent der Spitzenpositionen sind bei 17 Prozent Bevölkerungsanteil mit Ostdeutschen besetzt. Von den Staatssekretären der Bundesregierung kamen schon 2004 nur sechs aus dem Osten. 2016 waren es noch weniger – drei von insgesamt sechzig.[103]

Und auch die deutschen Chefetagen in der Wirtschaft waren 2011 von Westdeutschen dominiert: »Von den mehr als 180 Dax-Vorständen, deren Herkunft bekannt ist, sind nur zwei in Ostdeutschland aufgewachsen.«[104] Daran hat sich bis heute kaum etwas geändert. Die reiche und einflussreiche Oberschicht schließlich ist faktisch komplett »ossifrei«. Die bundesweit 500 vermögendsten Familien kommen alle aus Westdeutschland. Von den aktuell fast 17 500 Einkommensmillionären Deutschlands gibt es nur ganz wenige im Osten,[105] und diese sind zumeist zugezogene Westdeutsche. Allein in Düsseldorf wohnen mehr als doppelt so viele Millionäre wie in ganz Sachsen.

Thomas Krüger, Präsident der Bundeszentrale für politische Bildung, stellte provokativ fest: »Wir haben es mit hegemonialen Strukturen zu tun, die sich bewusst oder unbewusst reproduzieren.« Die *Süddeutsche Zeitung* schrieb in diesem Zusammenhang: »Unterrepräsentanz führt zu Unzufriedenheit, die sich auf Dauer in der Mentalität niederschlägt.«[106]

Einzige wichtige Ausnahme ist die ostdeutsche Landespolitik: In den Landesparlamenten stellen Ostdeutsche 80 Prozent der Parlamentarier – bei einem Anteil der Ostdeutschen an der ostdeutschen Bevölkerung von 87 Prozent. Unter den Landesministern sind 70 Prozent Ostdeutsche. Bei den Landes-Staatssekretären ist der Anteil immerhin von 26 auf 46 Prozent in Ostdeutschland gewachsen.

Logische Folge der Deutschen Einheit?

Natürlich gibt es viele nachvollziehbare Gründe für diese Situation. Es gab keine Westverschwörung, wie manche meinen. Es war zunächst eine schlichte Konsequenz aus der ersten demokratischen Willensbildung in der DDR in Form freier Wahlen: Die Mehrheit des Volkes der noch bestehenden DDR hatte bei den Wahlen 1990 für eine schnelle Übertragung des bundesrepublikanischen Gesellschaftsmodells gestimmt. Es war der Wunsch der Mehrheit der Ostdeutschen, so schnell wie möglich auch das »blühende« Wirtschafts- und Sozialmodell Westdeutschlands »komplett und ohne Abstriche zu übernehmen«.[107] Daraus ergab sich geradezu zwangsmäßig der Nachbau der Institutionen und Strukturen Westdeutschlands. Und die direkte Folge war, dass man massenhaft westdeutsche Experten brauchte, die sich auskannten und in bundesdeutschem Recht geschult waren. Das erklärt beispielsweise die Dominanz westdeutscher Volljuristen in den Leitungsebenen der Staatskanzleien und Ministerien.[108]

Zudem fehlten scheinbar die Alternativen im Osten. Die alten SED-Kader waren als potenzielle Spitzenleute meist zu Recht diskreditiert – darunter waren aber eben nicht nur Spitzenpolitiker, sondern auch die meisten Richter, Juristen, Geistes- und Gesellschaftswissenschaftler, Offiziere und viele Betriebsdirektoren. Diese Leerstellen mussten besetzt werden.

Ja, es war sogar der Wunsch, nicht-ostdeutsche Führungskräfte zu rekrutieren, wie das Beispiel der Treuhand zeigt: Abgeordnete in der ostdeutschen Volkskammer wollten so verhindern, dass sich SED-Kader Teil der Ostbetriebe unter den Nagel reißen,[109] so wie das in Osteuropa oft passiert ist: Bis heute existieren dort Oligarchen, von denen man nicht ganz genau weiß, wie sie damals in der Umbruchzeit zu ihrem Reichtum gekommen sind. Diese Gefahr ist an Ostdeutschland vorbeigegangen.

Ähnlich gelagert war die Situation in den neugegründeten Parteien, etwa in der SPD: Anders als PDS, CDU und FDP war die SPD, die sich in der DDR als SDP wiedergründete, eine echte Neugründung, die keine Mitglieder aus der SED oder den DDR-Blockparteien übernahm. Sie hat nach 1990, damals aus verständlichen Gründen, ehemaligen SED-Mitgliedern meist die Mitgliedschaft verweigert, weil besonders viele Sozialdemokraten unter dem Regime gelitten hatten; aber auch, weil manche den Ansturm von Wendehälsen fürchteten. Doch gleichzeitig wurden damit auch sachlich kompetente Leute und SED-Reformer ferngehalten, die nicht selten durch und durch sozialdemokratisch dachten.

Letztlich sahen viele Ostdeutsche keine gesellschaftliche Kraft und keine politische Organisation, »die kompetent, befähigt, legitimiert und vertrauenswürdig genug erschien, eine Transformation aus eigener Kraft und ggf. eine deutsche Vereinigung mit eigenem Anspruch zu gestalten«.[110] Neben den westdeutschen Politkern wirkten viele ostdeutsche unprofessionell und ohne überzeugenden Plan. Vertreter der Bürgerbewegungen und »Reform«-Politiker aus der SED waren zudem keine gewünschten Alternativen.

Dabei wissen wir heute, dass auch die Bundesregierung keinen Plan hatte. Alle wurden 1990 vom Tempo des Vereinigungsprozesses überrascht. Das einzige, was vorlag, war ein dürres Essay des »Vaters der sozialen Marktwirtschaft«, Ludwig Erhard, von 1953, in welchem jener sich für eine Schocktherapie im Falle einer Wiedervereinigung ausgesprochen hatte: Markt und Manager sollten den Umbau gestalten, die Politik sollte sich hingegen aus dem wirtschaftlichen Umbau heraushalten.[111]

Die vielen Stasi-Vorfälle in fast allen neuen Parteien und in vielen Führungsfunktionen taten ihr Übriges: Beinahe jeden Tag wurden potenzielle Talente und Spitzenpersonen enttarnt. Das störte das Vertrauen in das heimische Personal nachhaltig.

Zwar sind all diese Erklärungen richtig, doch zugleich sind sie nicht ausreichend, denn auch, wenn die westdeutsche Dominanz anfänglich nicht zu verhindern gewesen wäre, so wurde auch nichts getan, um ihrer Dauerhaftigkeit aktiv entgegenzuarbeiten. Man hätte beispielsweise stärker gezielt Talente und Führungskräfte fördern können. Denn es gab ja durchaus eine sich neu formierende Führungsschicht Ostdeutschlands, die nach dem Ende der DDR zum Vorschein kam. Sie stammte aus der Bürgerbewegung, den Blockparteien, der zweiten Reihe der SED[112] sowie aus Eliten in den »eher machtfernen Bereichen der DDR-Gesellschaft (zum Beispiel verarbeitendes Gewerbe beziehungsweise Wirtschaft, Binnenhandel, Kultur, Soziales und Gesundheit)«, die sich stärker als Fachleute beziehungsweise als Spezialisten verstanden.[113] Doch statt »neue eigene Eliten zu entwickeln oder an das neue Staats- und Gesellschaftssystem anzupassen, wie es später in den meisten osteuropäischen Ländern passierte, standen in Deutschland von Beginn an in hinreichendem Umfang mit den neuen Verhältnissen Vertraute in den alten Bundesländern bereit, um die ostdeutschen Elitepositionen zu besetzen«.[114]

Die Mehrheit der ostdeutschen Funktionsträger wurde degradiert. Viele blieben auch auf ihren Positionen, nahmen aber vielfach Einschränkungen hin.[115] Vor allem viele Frauen erlebten in der Nachwendezeit einen solchen Bruch. Ostdeutschen Frauen in Führungspositionen wurden nicht selten westdeutsche Männer vor die Nase gesetzt.

Ich selbst war bis ins Jahr 1990 Bürgermeisterin in meinem Ort geblieben. Ich war bereits im Sommer 1989, also deutlich vor dem Fall der Mauer und dem Beginn der großen Demonstrationen aus der SED ausgetreten. Es war die Zeit, als immer mehr Menschen über Ungarn die DDR verließen und in den Westen gingen und sich trotzdem in keiner Weise abzeichnete, dass die DDR-Staatsgewalt schwächeln oder gar die DDR zusammenbrechen könnte. Eines Morgens im Mai 1989 kam ich in den Kindergarten, um mein Kind abzugeben, aber es waren nur noch wenige Erzieherinnen da. Die

Fehlenden, darunter die Leiterin, waren in den Westen geflüchtet. Da habe ich der SED-Kreisleitung geschrieben und gefragt, was sie zu unternehmen gedenke, um die Betreuung im Kindergarten sicherzustellen, habe aber nie eine Antwort erhalten. Damit war für mich ein Schlusspunkt erreicht. Es gab für mich keine Zweifel am Funktionsverlust des SED-Regimes mehr: Ich habe mein Parteibuch eingeschickt und die SED-Mitgliedschaft gekündigt.

Ich blieb Bürgermeisterin und versuchte meine Gemeinde zu schützen, soweit es ging. So sorgte ich dafür, dass die Feuerwehr aus unserem Ort nicht mit zur »Bekämpfung« von Demonstrationen nach Leipzig fahren musste. Auch organisierten wir in Großpösna eine große Bürgerversammlung mit Vertretern der SED-Bezirksleitung und dem Rat des Kreises. Da kamen geschätzt rund tausend Leute, die viele kritische Fragen stellten. Das hat man mir damals sehr übel genommen und mich einbestellt: Ich sollte abgesetzt werden. Doch dann hieß es, ich solle wieder nach Hause gehen und weiterarbeiten. Der Vorsitzende des Rates des Kreises sei selbst abgelöst worden. Also blieb ich Bürgermeisterin bis März 1990, trat aber nicht bei den folgenden Kommunalwahlen an.

Ich bewarb mich damals beim Landratsamt als Mitarbeiterin in der Kommunalaufsicht. Aber mir schlug Misstrauen entgegen. Immer schwebte der latente Stasi-Vorwurf über allen. Eine Überprüfungsmöglichkeit gab es noch nicht. Das Stasi-Unterlagen-Gesetz wurde erst im Dezember 1991 beschlossen. Solch langwierige Stasi-Überprüfungen verhinderten zeitweilig manchen Neustart von Ostdeutschen.

Ich fing daraufhin im Außendienst einer Krankenkasse an. Wie viele im Osten arbeitete ich als studierte Staats- und

Rechtswissenschaftlerin damals weit unter meiner Qualifikation. Alle meine ostdeutschen Kolleginnen und Kollegen hatten einen Hochschulabschluss, unsere westdeutschen Vorgesetzten dagegen waren Facharbeiter.

Für nicht wenige war das vielleicht ein aufregender Schritt in ein neues Leben. Viele Leute erwiesen sich dabei auch als höchst anpassungsfähig. Aber dennoch blieb das Gefühl, »unter Wert« behandelt worden zu sein.

In der DDR hatte der Ingenieur damit gehadert, dass er kaum besser bezahlt wurde als der einfache Arbeiter. Nun hatten viele gestandene Diplomingenieure und Fachkräfte ein anderes Problem: Weil ganze Berufszweige und damit auch berufliche Chancen wegbrachen, mussten Ingenieure in anderen Bereichen, oft unter ihrer Qualifikation, arbeiten. Dass auch hier Wissen und Kompetenz nicht ernsthaft genutzt wurden, führte ebenfalls zu Kränkungen.

Dies hat am Ende zu einer Art »Selbstmarginalisierung« geführt, so dass sich viele von uns Ostdeutschen kaum mehr etwas zutrauten, wie Thomas Krüger es auf einer Veranstaltung beschrieb. Es sei ein großes Versäumnis der Wiedervereinigung gewesen, die Unterschiede in west- und ostdeutschen Lebensläufen nicht besser genutzt zu haben. Und es war die Zeit, als nicht wenige verleugneten, ostdeutsch zu sein.

Dafür gab es auch einen Grund, der laut und öffentlich gesagt werden muss: Westdeutsche aus der dritten Reihe nutzten die Deutsche Einheit, um Posten im Osten zu besetzen oder zu ergattern, die sie im Westen nie bekommen hätten. Warum sollte man sich die Mühe machen, ostdeutsche Führungskräfte zu coachen oder ihnen Mentoren beiseitezustellen, wenn man hungrige junge Westdeutsche zur Verfügung hatte, die natürlich gern die Posten selbst übernahmen? Wieland Kiess, Direktor der Leipziger Universitätskinderklinik, beschrieb auf einer gemeinsamen Podiumsdiskussion der Friedrich-Ebert-Stiftung zum Thema »Wie viel Westen steckt im Osten?« in Leipzig, wie er als junger Arzt eine überwältigend große Verantwortung bekommen hatte. Er sei damals einer der jüngsten im Team gewesen. Er schwärmte, wie so viele Westdeutsche, die im Osten Karriere machten und Chancen nutzten, von dieser Zeit. Was er nicht bemerkt hatte, so Kiess selbstkritisch, dass seine älteren ostdeutschen Kollegen gar nicht gefragt worden waren, ob sie die Stelle hätten übernehmen wollen.

Nun ist Wieland Kiess ein sehr guter Direktor der Leipziger Universitätskinderklinik, und ich rechne es ihm hoch an, dass er über diese Zeit offen redet. Ich betone ausdrücklich, es geht mir nicht um eine Abwertung der Arbeit der vielen Aufbauhelfer aus dem Westen. Wer das tut, ist nicht nur ungerecht, sondern auch selbstgerecht. Als hätte man es selbst alles besser gekonnt. Nein, der Osten hat von den meisten westdeutschen Aufbauhelfern enorm profitiert.

Aber es gab eben auch viele Beispiele, bei denen es nicht so war. Manch einer stellte sich als echte Pfeife heraus. Mehrfach erzählten mir Westdeutsche, dass sie nie gedacht hätten, jemals in eine solche Position zu kommen – und ich denke, sie haben Recht. Etwas ironisch könnte man sagen: Die Menschen im Westen sollten uns im Osten eigentlich dankbar sein, dass ihnen so manch »engagierte Führungskraft« abhandengekommen ist.

Was wäre eigentlich passiert, wenn in Hamburg alle Machtstellen von Bayern besetzt wären? Oder im Ruhrgebiet von Rheinländern? Und diese würden nicht nur alle zentralen Jobs in Wirtschaft und Verwaltung erhalten, sondern auch noch eine »Buschzulage« bekommen, wie die zwischen 1990 und Mitte 1995 ausgereichte Sonderzahlung für Beamte aus den alten Bundesländern genannt wurde, die in den Osten gingen. Übrigens war das eine Sonderzahlung zusätzlich zum Westgehalt.

Neben Ingenieuren und Führungskräften traf der Abstieg vor allem auch Wissenschaftler. Hier wurden an den Universitäten und Hochschulen die ostdeutschen Strukturen sehr umfangreich verändert und die Stellen von Westdeutschen besetzt. Tausende Wissenschaftler wurden ohne überzeugende Begründung entlassen – und eben nicht nur jene, welche »Marxismus-Leninismus« unterrichtet hatten. Die Verbitterung darüber sitzt bei den Betroffenen bis heute tief.

Wenn manche über die besondere Wut in Sachsen reden, sollte man an dieser Stelle bemerken, dass Sachsen zu DDR-Zeiten aus den drei Bezirken Leipzig, Dresden und Karl-Marx-Stadt bestand und einer der führenden Industrie- und Hochschulstandorte in der DDR war und hier also besonders viele Ingenieure und Wissenschaftler von den Demütigungen und Kränkungen betroffen waren.

Gleichzeitig haben sich viele durchgekämpft: Eine damals entlassene junge Physikerin, die gerade promoviert hatte, ist heute meine Nachfolgerin als Bürgermeisterin. Ich traf viele Ingenieure und Funktionsträger, die Zugriff auf Unterlagen ihres vormaligen Arbeitsbereichs hatten und denen es mit ihrem Wissensvorsprung gelang, erfolgreiche Unternehmen aufzubauen.

Warum ist es nicht besser geworden?

Warum aber wird der Anteil der Ostdeutschen in Entscheidungspositionen nicht schnell größer? Im Vergleich zu 2004 ist der Anteil Ostdeutscher bei Führungskräften in einigen Bereichen sogar zurückgegangen. Der Anteil der Westdeutschen wächst sich nicht aus, sondern scheint sich vielmehr zu verstetigen und zu verfestigen. In manchen Bereichen wie an Universitäten und Hochschulen hat sich der prozentuale Anteil ostdeutscher Rektoren in den letzten zehn Jahren sogar nahezu halbiert. »In der Leitungsspitze der größten Forschungsinstitute ist jeder siebte Instituts- bzw. Wissenschaftsbereichsleiter in Ostdeutschland aufgewachsen oder ausgebildet worden. Der Gesamtanteil liegt mit 15 Prozent sogar unter dem Anteil ausländischer Wissenschaftler mit 24 Prozent.«[116]

Gleichzeitig sind natürlich viele junge Ostdeutsche klassische Bildungsaufsteiger. Viele Zehntausende junger Ostdeutscher studieren heute an einer Universität oder Fachhochschule. Eine mittlerweile pensionierte Lehrerin fragte bei einer Veranstaltung in Hoyerswerda zu Recht, warum eigentlich die vielen klugen jungen Ostdeutschen nicht in die Führungsetagen aufsteigen.

Zunächst beantwortete sie die Frage selbst: Viele gut ausgebildete junge Köpfe sind heute weg aus Ostdeutschland. Sie leben, studieren und arbeiten in Hamburg, Köln oder Ludwigsburg. Doch auch dieser Schritt war nicht ganz so einfach: Als meine Tochter kurz nach der Wende nach Hamburg zum Studieren gehen wollte, gab es ein überraschendes Problem: Weil sie dem DDR-Schulsystem entstammte, wurde ihr Abitur grundsätzlich abgewertet. Die Begründung war schlicht, dass ein Abitur aus dem neu gegründeten Sachsen nicht so viel wert sei wie eines aus Bayern. Sie hat zwar schnell gemerkt, dass sie mit ihrem ostdeutschen Abschluss doch einiges mehr wusste als viele andere, aber das erste Gefühl, grundsätzlich schlechtergestellt zu werden, nur weil man aus dem Osten kommt, das hat sich auch in diese Generation eingepflanzt, obwohl sie eigentlich gar keine nennenswerte Biografie im Osten hatte.

Die ehemalige Ostbeauftragte der Bundesregierung Iris Gleicke stellte 2016 im Rahmen einer Gesprächsrunde der Deutschen Gesellschaft e. V. fest: »Ostdeutschen bescheinigte man, dass sie nicht über nötige Qualifikationen verfügten und auch nicht mit den erforderlichen Kompetenzen ausgestattet waren«.[117] Und der Politikwissenschaftler Raj Kollmorgen geht so weit, die geringeren Chancen Ostdeutscher durch die Stigmatisierung zu erklären, weil die Ostdeutschen gerade in den ersten zehn Jahren nach der Wiedervereinigung marginalisiert, exotisiert, ja auch lächerlich gemacht wurden.[118] Die soziokulturelle Abwertung Ostdeutscher in der Bundesrepublik nach 1990/91 haftete als Verlierer-Stigma den Menschen an. »Nicht nur mangelt es vielen Ostdeutschen mit (...) DDR-Sozialisation an distinguiertem Auftreten, machtvoller Sprache sowie elitären Umgangsformen und Geschmacksurteilen, so dass ihnen der ›Stallgeruch der Macht‹ fehlt. Sie verfügen kraft Abkunft und regionaler Herkunft auch nicht über die Mentalität und das zugesprochene Prestige des Siegers«.[119]

Zusammengefasst heißt das: Wir Ostdeutschen hatten durchaus eine gute Bildung, aber das Image war und ist schlecht. Und »im Hinblick auf Vermögen, Wohlstand und Vitamin B klafft eine große Lücke. Das Geldvermögen ostdeutscher Haushalte ist kaum halb so groß wie das westdeutscher Haushalte, ihr Anteil am Produktivvermögen äußerst gering. Dies gilt selbst in Ostdeutschland, da infolge der Privatisierung fast das gesamte Eigentum in westdeutsche und ausländische Hände ging. Eines kommt erschwerend hinzu: Aufstieg braucht Gelegenheiten. Das Geld, die erfolgreichen Unternehmen, die tollen Chancen, die jungen Menschen als Leiter nach ganz oben dienen können, finden sich eben eher in den wirtschaftsstarken Regionen Baden-Württembergs als im Landkreis Uecker-Randow an der polnischen Grenze.«[120] Zwar wird die Unterscheidung Ossi und Wessi bald keine Rolle mehr spielen, weil spätestens bei Kindern westdeutscher Eltern, die im Osten geboren werden, die Unterscheidung keinen Sinn mehr macht. Doch da sich bundesdeutsche Eliten immer stärker aus Familien der oberen Mittel- und der Oberschicht rekrutieren, bleibt es dabei, dass wenige Westdeutsche einfach mehr Chancen als die allermeisten Ostdeutsche haben, nach ganz oben aufzusteigen.

Dass ich nicht falsch verstanden werde: Es müssen gar nicht alle aufsteigen. Zu oft bleiben beim Thema »soziale Mobilität« die Gefühle derjenigen unberücksichtigt, die die Leiter nicht hinaufsteigen. Die weniger Erfolgreichen laufen permanent Gefahr, Gefühle der Minderwertigkeit und des Scheiterns zu entwickeln.[121] Zudem sehen heute viele einen sozialen Aufstieg nicht notwendigerweise als erstrebenswert an. Ehrgeiz und Erfolgsstreben sind ehrenwerte menschliche Ziele. Aber die meisten Menschen wissen, dass beides für ein gutes Leben allein nicht ausreichend ist. Schließlich sprechen wir viel zu wenig über die soziale Anerkennung der Leistung für die kleinen Leute, Arbeiterinnen und Arbeiter sowie untere und mittlere Angestellte. Diese Menschen sind bodenständig, arbeiten hart und verdienen in der Regel viel zu wenig. Und auch sie bekommen zu wenig Anerkennung.

Doch wenn wir den Mangel an ostdeutschen Führungskräften beklagen, aber nicht über eine gerechtere Bildung insgesamt sprechen, dann reden wir am eigentlichen Problem vorbei. Es geht eben vor allem um die Durchlässigkeit nach (ganz) oben. Kriterien dafür sind: Schaffen es Arbeiterkinder und Ostdeutsche und vor allem Frauen, durch entsprechende Anstrengungen aufzusteigen, oder sind die guten Positionen von vornherein höheren Beamten- und Angestelltenkindern oder den westdeutschen Männern vorbehalten?

Und hier muss sich etwas ändern, denn der soziale Aufstieg ist in Deutschland schwerer als anderswo. Der familiäre Hintergrund entscheidet hierzulande viel darüber, ob man es nach oben schafft oder nicht. Von 100 Kindern, deren Eltern nicht studiert haben, gehen 21 an eine Hochschule, schaffen 15 einen Bachelor, machen acht den Master, und nur einer promoviert. Bei Kindern mit mindestens einem studierten Elternteil gehen 79 an eine Hochschule, schaffen 63 einen Bachelor und machen 45 den Master. Zehn schreiben eine Doktorarbeit.[122] In keinem anderen Industrieland hängt die persönliche Zukunft so stark vom Elternhaus ab.

Die unteren Teile der Gesellschaft haben da einen sehr realistischen Blick: Laut der Umfrage des Sachsen-Monitors von 2017 sagen in der unteren Mittelschicht 37 Prozent, dass die Chancen, in Deutschland sozial aufzusteigen, sehr gut oder gut sind. 62 Prozent der sächsischen Arbeiter sagen, die Chancen in Deutschland sozial aufzusteigen seien eher schlecht oder sehr schlecht.[123]

Natürlich sind Intelligenz und Fleiß Grundvoraussetzungen für den Bildungsaufstieg, doch notwendig sind sie nicht unbedingt – wenn man die richtigen Eltern hat. Hat keine der beiden Elternteile Hochschulreife oder ist ein Elternteil arbeitslos, dann gehen laut Statistik nur ungefähr 30 Prozent der Kinder aufs Gymnasium, ein Drittel geht jeweils auf die Real- und Hauptschule. Ist die Familie armutsgefährdet, sinkt der Anteil der Kinder, die aufs Gymnasium gehen, sogar auf 22,9 Prozent. Haben beide Eltern wiederum eine Hochschulreife, sind 83,9 Prozent der Kinder auf dem Gymnasium.[124]

Der Elitenforscher Michael Hartmann hat bereits seit Jahren mit dem Mythos der Leistungseliten aufgeräumt: »Herkunft und Lebenschancen sind eng verknüpft. Das gilt nicht nur am unteren Ende der gesellschaftlichen Pyramide, sondern noch stärker an ihrer Spitze, in der Oberschicht (...). Der richtige Habitus, hilfreiche Netzwerke, der gemeinsame Herkunftsstall sind für Spitzenkarrieren immer noch ein wichtiges Eintrittsticket – und die Westdeutschen haben da einen schwer einholbaren Vorsprung. Man stellt lieber jemanden ein, der aus ähnlichen Verhältnissen kommt wie man selbst.«[125]

Das alles hat Folgen!

Herkunft und Prägung einer Person haben natürlich Auswirkungen auf die Art ihrer Entscheidungen. Und damit meine ich, dass manche Veränderungen und Reformen nicht so umgesetzt worden wären, hätte es einen größeren Anteil an selbstbewussten ostdeutschen Führungskräften gegeben.

Hartz IV war zum damaligen Zeitpunkt ein Westgesetz. Man war in Ostdeutschland noch wütender über Hartz IV, weil viele einfach keine Arbeit finden konnten, obwohl sie wollten. Wenn es nichts zu fördern gab, könnte man auch nichts fordern.

Martin Dulig, Sachsens SPD-Chef, hat Recht, wenn er beklagt, »zu häufig herrscht in der Bundespolitik ein ›Westblick‹, spezifische ostdeutsche Bedingungen und Bedürfnisse werden häufig zu wenig mitgedacht.« In den letzten Jahren habe man sich vielleicht zu sehr auf (wichtige) Länderinteressen konzentriert, aber ostdeutsche Regionalinteressen und kulturelle Besonderheiten vernachlässigt, die alle Ost-Länder betreffen«.[126]

Mehr selbstbewusste Ostdeutsche in Führungspositionen hätten auch dazu geführt, dass mehr über erhaltenswerte Errungenschaften der ostdeutschen Gesellschaft geredet worden wäre: So kamen manche Reformen (Kita, Scheidungsrecht etc.) für den Westen erst Jahre später.

Und ich füge hinzu, viele »Wossis« haben das sehr wohl verinnerlicht und sind ganz auf der Seite der Ostdeutschen. Letzteres ist wichtig. Ich stimme Thomas Oberender, Intendant der Berliner Festspiele, in seiner Bewertung zu, dass die Dominanz von Westführungskräften dazu geführt hat, »dass unsere Sprache und unsere Auffassung von der eigenen Geschichte von der westdeutschen Lesart dominiert, verfälscht und um ihre kreativen und inspirierenden Einflüsse gebracht« worden ist.[127] Dennoch waren es eben auch viele »Wossis«, welche durch ihre demokratische Haltung und ihr Wissen wichtige Aufbauhelfer für unsere Demokratie und soziale Marktwirtschaft waren.

Genau jene Sensibilität scheint bei den meist aus Westdeutschland kommenden Wirtschaftseliten noch zu wenig vorhanden zu sein: Deren Verhältnis zu den ostdeutschen Niederlassungen und Firmen ist rein funktional. Firmenchefs großer Betriebe kommen in den seltensten Fällen direkt aus der Region. Die Hauptniederlassungen und Zentralen liegen vornehmlich im Westen. Die Folge, wie sie Gunnar Hinck formuliert: Verantwortung für die Region definieren die Manager eng und allein über das Schaffen von Arbeitsplätzen. Historisch gewachsene Bezüge wie an westdeutschen Standorten gibt es kaum: »Die ostdeutschen Unternehmen sind modern und flexibel, zugleich aber wurzellos. (…) Die Manager agieren als Statthalter ihres Mutterkonzerns und fühlen sich ihm verantwortlich«[128] und eben nicht der Region. Wenn die Rahmenbedingungen nicht mehr stimmen, werden sie einfach geschlossen.

Das Beispiel des Feinkostherstellers Homann verdeutlicht die Situation: Es sollte das erste Großunternehmen sein, das seinen Stammsitz aus dem Westen in den Osten in das sächsische Leppersdorf verlegen wollte. Doch genau hier zeigt sich, wie »gering die Chancen auf solch ein Projekt sind, wenn der Westen erst einmal anfängt, sich zu wehren«, wie die Journalistin Sophie Herwig in der *Zeit* schrieb. Der Protest war massiv in der strukturschwachen Region bei Osnabrück. Es gab Menschenketten, Betriebsratsstreiks und Politikerreden. Alles gepaart mit einem massiven Ost-Bashing, in dem Leppersdorf in den Reden klang, als läge es in Sibirien, wie Herwig in der *Zeit* kommentierte. Die Gegenwehr der örtlichen Politik und der Mitarbeiter ist für mich völlig verständlich. Sie brachte den Besitzer des Unternehmens letztendlich dazu, den Umzug abzublasen.[129] Hier zeigt sich allerdings, wie wehrlos letztlich die ostdeutschen Regionen sind, wo eher die Werkbänke und eben nicht die Stammsitze sind.

Ähnliches geschah rund um das Siemens-Werk in Görlitz. Siemens wollte seinen Standort in der Lausitz trotz der vollen Auftragsbücher des Görlitzer Werks und 6,2 Milliarden Euro Gewinn des Gesamtbetriebs schließen. Zuvor hatte das Unternehmen bei der Ansiedlung mehrere Millionen Euro Steuergelder erhalten und zudem Milliardenumsätze mit Staatsaufträgen gemacht. Besonders absurd wurde es dann, als gerade Siemens-Chef Joe Kaeser die Bundestagswahl 2017 als »Niederlage der Eliten in Deutschland« deutete. Man müsse seiner Ansicht nach »Menschen Perspektiven geben«. Es war nur dem massiven Protest der Bürgerinnen und Bürger der Görlitzer Region sowie dem geschlossenen Eingreifen der Landespolitik zu verdanken, dass die Schließung bis auf weiteres verhindert wurde.

Traut Euch, Ostdeutsche!

Wie gerade beschrieben gibt es viele Gründe, warum Ostdeutsche in Führungspositionen fehlen. Aber welche Schuld haben wir selbst daran?

Wie ich haben sich nach 1990 viele Ostdeutsche geschworen, nichts mehr mit Politik und Parteien zu tun haben zu wollen. Doch genau das war und ist ein entscheidender Fehler. In einer parlamentarischen Demokratie organisieren maßgeblich die Parteien den gesellschaftlichen Willensbildungsprozess. Wenn wir uns als Ostdeutsche nicht engagieren, dann kommen wir eben auch nicht vor. Wenn der

SPD-Unterbezirk Dortmund mehr Mitglieder als die SPD in ganz Sachsen hat, dann sind auf SPD-Bundesparteitagen die ostdeutschen Delegierten ganz klar in der Minderheit. Und dann können sich ostdeutsche Interessen gegen eine westdeutsche Mehrheit kaum durchsetzen. So geht es mittlerweile fast allen ostdeutschen Parteigliederungen.

Nein, einen großen Einfluss, Visionen, Orientierung oder Ideen haben die meisten (älteren) ostdeutschen Eliten bislang nicht entwickelt. Jens Bisky hat das einmal eine »Kleine-Leute-Gesellschaft« genannt.[130] Und Gunnar Hinck meint: »Es ist eine stille, kaum zu vernehmende Elite. Sie ist ohne eigene Sprache. Sie marginalisiert sich selbst und damit den Osten insgesamt. Sie kann keine Orientierung geben, weil sie selbst ohne Orientierung ist. Sie beschränkt sich darauf, die Gegenwart zu verwalten.«[131]

Ich könnte mir gut vorstellen, dass hier auch eine Rolle spielte, dass so viele Politiker im Osten Ingenieure waren: Diese sind Pragmatiker, die meist innerhalb der gegebenen Rahmenbedingungen kreative Lösungen suchen. Darin sind sie Klasse. Visionen kommen aber von ihnen seltener. Die meisten, die sich im Osten mit gesellschaftspolitischen Entwürfen beschäftigt hatten, wurden entweder nach 1990 als systemnah diskreditiert oder hatten sich als Bürgerrechtler in die innere Immigration zurückgezogen. Die Folge ist, dass ostdeutsche Einflussnahme sich oftmals darauf beschränkt, Fördergelder für den Osten zu sichern und allzu negative Auswirkungen westdeutsch dominierter Politik abzumildern.

Im schlimmsten Fall wurden – vor allem auf der rechten Seite – gern westdeutsche Phrasen nachgeplappert. Es ist ja nicht ohne Ironie, dass die besonders Rechten lauter westdeutsche Scharfmacher sind. Sowohl Gauland wie auch Höcke, Tilschneider, Kubitscheck oder Brandtner kommen alle aus dem Westen. Ein ähnliches Phänomen gab es schon bei der NPD mit Apfel und Gansel zu beobachten. Eine Journalistin sagte mir einmal, sie sei völlig überrascht gewesen, dass auf den sächsischen Parteitagen der AfD schwäbisch gesprochen werde.

Natürlich gibt und gab es ostdeutsche »Eigengewächse« nach der Wende mit eigenem Profil. Ich nenne vor allem Regine Hildebrandt, Matthias Platzeck oder Manfred Stolpe. Auch viele Vertreter der Linkspartei fallen mir ein, vielleicht gerade deshalb, weil diese sich besonders häufig einer Selbstreflektion und Selbstkritik unterzogen haben oder unterziehen mussten. Natürlich könnte man hier auch manch Grüne, Liberale und CDU-Mitglieder nennen.

Und mit der kritischen Betrachtung, warum ostdeutsche Parteien und politische Verantwortungsträger kaum »Durchschlagskraft« erreichen, muss man zwangsläufig auch deren geringe Wertschätzung innerhalb der ostdeutschen Gesellschaft betrachten. Dies ist offensichtlich auch eine Nachwirkung aus der DDR-Zeit: Damals konnte man die Schuld immer an »die da oben« delegieren, immerhin fühlte sich die SED ja auch für alles im Staat verantwortlich. Als Bürger war man es wiederum nicht.

Demokratische Augenhöhe in einem vereinigten Deutschland bedeutet aber eben nicht nur, das Problem der Dominanz von westdeutschen Führungskräften anzusprechen, sondern auch eine bewusste Betrachtung von uns selbst vorzunehmen, indem wir darüber nachdenken, was das Leben in einem undemokratischen Staat mit uns gemacht hat: Wir haben damals ein hohes Misstrauen gegenüber den »Bonzen« im Politbüro entwickelt. Wir haben über das erwähnte Eingabewesen versucht, manchen individuellen Härten abzuhelfen. Aber eine echte demokratische Beteiligung und Mitbestimmung war nicht vorgesehen. Genauso wenig wie Meinungsfreiheit. Wir fühlten uns immer vom System gegängelt. Das alles hat sich bei vielen von uns eingebrannt.

Schlummert nicht doch in vielen von uns Ostdeutschen der Wunsch danach, dass »die da oben« schon alles regeln und uns die Entscheidung abnehmen und wir damit »allen da oben« aber auch die Schuld und damit die Verantwortung zuweisen können, wenn etwas schief geht? Man selbst hat ja nichts damit zu tun gehabt.

Aber wir müssen uns als Ostdeutsche einbringen, immerhin geht es auch um unsere Zukunft. Martin Dulig schreibt als SPD-Ostbeauftragter: »Die Nachwendezeit geht zu Ende. Die Unternehmens-Pioniere von 1990 gehen in Rente, genauso wie die noch in der DDR ausgebildeten Facharbeiterinnen. Wir haben enormen Fachkräftebedarf. Dies führt zu massiven Herausforderungen und Chancen für diese Post-Nachwende-Gesellschaft. (...) Was bedeutet der digitale Kapitalismus für unsere ostdeutsche Wirtschaftsstruktur? Was können wir aus dem Osten für die künftige Entwicklung der ländlichen Räume lernen?«[132] Damit stellen sich zugleich die Fragen: Wie soll unser zukünftiger Sozialstaat aussehen? In welcher Gesellschaft wollen wir leben?

Ich rufe den Ostdeutschen daher zu: Traut Euch! Übernehmt Verantwortung! Ihr habt eine eigene Vergangenheit, also entwickelt auch eine eigene Vision für die Zukunft. Engagiert Euch gesellschaftlich. Werdet Mitglieder in Parteien.

Geht in die Politik. Lasst Euch in Gemeinde- und Stadträte wählen. Tretet als Bürgermeisterkandidaten an. Oder mit Gunnar Hinck gesprochen: »Es sind (…) letztlich nur die Eliten vor Ort, die in der Lage wären, die Situation zu ändern, eine Gesellschaft voranzubringen, Kraft zu spenden, mindestens aber Perspektiven zu vermitteln, Vertrauen zu geben, Richtungen anzubieten und, ja, Visionen zu formulieren. (…) Vision bedeutet Traumbild, heißt aber Zukunftsentwurf. Den hat der Osten bitter nötig«.[133]

Gefahr für die Demokratie und die Zukunft

Doch gerade weil wir ein neues Selbstbewusstsein und eine Zukunftsvision brauchen, steht eine unaufgearbeitete Nachwendezeit dem im Weg. Denn es gibt Teile der ostdeutschen Eliten, die wie die Mehrheit der Bevölkerung die anhaltende kollektive Kränkung fühlen. Nicht zuletzt, weil nach deren Gefühl westdeutsche Eliten Spitzenpositionen besetzen und Diskurse bestimmen. In einem interessanten Interview im *Spiegel* beschrieb der bulgarische Politikwissenschaftler Ivan Krastev ähnliche Prozesse in ganz Osteuropa: »Erst die zweite Generation [entdeckt] die Grenzen: die Glasdecke zum Beispiel, die ihr den Aufstieg verwehrt, man beginnt, einen romantischen Blick zurückzuwerfen und über die eigene Identität nachzudenken. Das ist überall in Osteuropa geschehen, und das hat politische Reaktionen wie den Populismus produziert.«[134]

Denn das ist das Problem: Manche ostdeutsche Eliten sind vielleicht zu Recht gekränkt, aber das nutzen sie nicht zum Entwurf der Zukunft oder Erneuerung der Demokratie.

Viele werden eher zu trotzigen Trägern kultureller Identität. Der Autor Pankaj Mishra wies darauf hin, dass jenes demonstrative Ausstellen nationaler Identität ein allgemeingültiges Muster von gekränkten Gemeinschaften zu sein scheint. »Oft reagieren solche Gesellschaften damit, dass sie sagen: Unsere Eroberer mögen mehr Macht, Geld und Ressourcen haben, aber wir sind moralisch und kulturell überlegen.«[135]

Die Folge ist, dass sie sich auf eine schiefe Bahn begeben. Man fordert aus ostdeutscher Sicht zwar mehr Gerechtigkeit und Demokratie, doch faktisch macht man das Gegenteil. Nehmen wir das Interview in der *Zeit* mit Susanne Dagen, einer Buchhändlerin aus Dresden, stolze Elbhangbewohnerin und Pegida-Sympathisantin: »Wir wollen uns im Osten nicht wieder etwas aufdrücken lassen, das mit uns nichts zu tun hat«, sagt sie. Die Ostdeutschen hätten sich nach der Revolution vieles nicht aussuchen können. Sie hätten eine Wiedervereinigung und fünf neue Länder lupenrein nach Westvorbild statt einer reformierten DDR bekommen. »Dabei sind die Menschen damals nicht nur für Bananen auf die Straße gegangen, sondern auch für Meinungsfreiheit (…). Statt die Ossis an die Hand zu nehmen und sie über die Fallstricke der neuen Gesellschaft aufzuklären, nutzten manche Westdeutsche ihr Vorschusswissen für sich.« Und damit ihnen so etwas nicht noch einmal passiere, gingen einige Ostdeutsche jetzt für Pegida auf die Straße. »Ich höre immer wieder: Die Ossis wollen sich heute nicht wieder verscheißern lassen.«[136]

Ähnliches kann man vom Schauspieler und Kabarettisten Uwe Steimle hören, der leider mit immer unverständlicheren und verschwörungstheoretischen Thesen und Aussagen auftritt. Doch in Interviews wie in der *Tageszeitung* wird deutlich, woher seine Verwirrung stammt: »Ich dachte nach der Wende, wir würden ein besseres System kriegen. Dann musste ich feststellen, dass das neue System nur anders, nicht besser ist.« Die Leute würden nur verarscht. Doch Leute wie Steimle verrennen sich gerade in ihrer Empörung und erhalten dabei Applaus von Leuten, die weit rechts stehen. Vorsicht, möchte man ihm zurufen!

Oder nehmen wir einige aus der größeren Gruppe der Bürgerrechtler. Sie spielten nach 1990 auf einmal keine (politische) Rolle mehr. Ihre persönlichen Erfolge der Friedlichen Revolution schienen sich im Licht der Westdominanz aufzulösen. Für manche wurde die DDR-Opfer-Biografie sogar zu einer »Last«: »Ihre Opfer-Erfahrung hatte bei ihnen eine moralische Rigidität wachsen lassen, die die Fähigkeit zum Kompromiss – eine der wichtigsten Eigenschaften in der Politik – behinderte«, wie der Autor Gunnar Hinck beschreibt.[137]

Dass solche eigentlich klugen und mit verständlichen Anliegen argumentierenden ostdeutschen Eliten zum Teil nach rechts oder ins Verschwörungstheorielager zu rutschen drohen, ist bitter.

Der schmale Grat nach rechts

Hinzu kommt, dass ab Ende der 1990er Jahre mit steigendem Einkommen die Bereitschaft zur Wahl rechter Parteien in Ostdeutschland zugenommen hat. Ich vermute, dass manche Ostdeutsche, die reich geworden sind, ihre Leistung dadurch überhöhen, indem sie andere schwächere Gruppen abwerten und um damit ein »Gefühl von Macht und Überlegenheit in einer Situation der subjektiv empfundenen Ohnmacht und immer wieder erlebten Unterlegenheit«[138] zu erfahren, wie der ehemalige Rektor der Erfurter Fachhochschule Wolf Wagner meint.

Wolf Wagner schrieb 2006 fast prophetisch: »Gesellschaftliche Avantgarden (Junge und Reiche) geben rechtsextremistisches Gedankengut und Wahlverhalten Legitimität. Sobald Rechtsextremismus nicht mehr von den Verlierern, sondern von prestigeträchtigen Vorbildern verkörpert wird, erhält er eine viel größere gesellschaftliche Virulenz. Dies könnte in Ostdeutschland bevorstehen.«[139]

Und nicht zuletzt verstärken die Rechtspopulisten diese Linie: Es muss allen klar sein, dass hinter der »Kritik« und Hetze gegen »*die* Politiker« und »*die* Medien« eine Strategie der Rechtspopulisten steckt: Bezichtigt man diese ständig der Lüge, dann werden die eigenen Anhänger auch Warnungen vor antidemokratischen Bestrebungen keinen Glauben mehr schenken. Indem man einfach behauptet, eine bestimmte Politik sei »Rechtsbruch« gewesen, wird versucht, Widerstand zu legitimieren, ohne auf eine sachliche Klärung oder das Urteil eines Gerichts zu warten. Und indem man ständig neue Provokationen und Skandale inszeniert, schwächt man die demokratische Gegenwehr. Das Prinzip der »wehrhaften Demokratie« ist aber wichtig und wurde in Westdeutschland nach dem Krieg in der Auseinandersetzung mit den Fehlern der Weimarer Republik entwickelt. Vielleicht sollten wir den 100. Jahrestag der Ausrufung der ersten deutschen Republik im Jahre 1918 dazu nutzen, diese Diskussion auch im Osten zu führen.

2020 wird dann noch ein anderer Jahrestag wichtig: 30 Jahre Deutsche Einheit. Dieses Jubiläum sollte genutzt werden, um die überfällige Aufarbeitung der Nachwendezeit endlich wirksam zu beginnen. Dabei müsste dann beispielsweise die Frage der politischen Verantwortung für die wirtschaftlichen Deformationen offen und öffentlich diskutiert werden. Bisher muss die Treuhandanstalt allein für alles herhalten. »Mit der Folge, dass für die in der Gesellschaft angerichteten Kollateralschäden nach der Wende nicht Politiker ihre Köpfe hinhalten mussten, sondern eine schnell wieder aufgelöste Behörde nach der Drecksarbeit mit Schmutz beworfen wurde.«[140] Dies war taktisch klug von den verantwortlichen Politikern, aber es war katastrophal für die Demokratie. Nicht die handelnden Akteure wurden politisch verantwortlich gemacht, sondern »das System« als solches. Auch das beschädigte die Ausbildung einer demokratischen Kultur im Osten Deutschlands.

Soll die Aufarbeitung gelingen, müssen sich auch die westdeutschen Eliten in Politik und Gesellschaft aktiv mit einbringen. Es muss gemeinsam darüber gesprochen werden, wie ein Reparieren der Nachwendefolgen möglich gemacht werden kann. Der Osten darf nicht länger als ein nachträglich zu erziehendes, missratenes Kind betrachtet werden. Es geht darum, zu verstehen, was in den 90er Jahren schiefgelaufen ist. Nur so kann man Konzepte entwickeln, wie den negativen Nachwirkungen bis in die Gegenwart erfolgreich begegnet werden kann.

»Es ändert sich doch sowieso nichts« – oder doch?

Folgerungen und Forderungen für den Osten Deutschlands

Manche sagen, die Nachwendezeit geht zu Ende. Es spricht einiges dafür, dass das stimmt. Immerhin ist eine Zeit permanenten und alles umfassenden Umbruches in Ostdeutschland vorbei: Die Nachwendezeit war geprägt von einer katastrophalen Arbeitslosigkeit. Gleichzeitig waren die vorhandenen Fachkompetenzen der Menschen allzu oft nichts mehr wert: Viele arbeiteten nicht entsprechend ihrer Qualifikation und für niedrige Löhne. Viele gingen in den Westen. Und heute? Gibt es gerade im Osten einen massiven Fachkräftebedarf. Die Arbeitslosigkeit liegt etwa in Sachsen nur noch bei 6,5 Prozent. Und die Aufbaugeneration geht Schritt für Schritt in Rente: sowohl die Nachwende-Pioniere unter den Unternehmern von 1990, als auch die in der DDR ausgebildete Facharbeiterschaft oder die westdeutschen Aufbauhelfer. Die nächsten Generationen, die entweder keine Wendeerlebnisse oder noch nur Kindheitserfahrungen haben, prägen das Land.

Doch gleichzeitig ist durch die hier im Buch aufgezeigten Probleme aber auch deutlich geworden: Die Nachwendezeit ist eben noch nicht zu Ende. Sie hängt in den Köpfen. Nicht bei allen, aber bei sehr vielen. Sie hat eine ganze Generation beschäftigt und ganz offensichtlich die Nachfolgegenerationen mit geprägt. Und sie spaltet damit immer noch die Gesellschaft. Sie bringt Unfrieden in Familien. Und sie unterscheidet immer noch in Ost und West.

Wir brauchen unbestritten eine Aufarbeitung der Nachwendezeit. Und zwar in Ost und West! Der Osten muss sich endlich erklären können, und der Westen muss endlich zuhören und verstehen.

Denn dabei geht es um zentrale Fragen, die unsere Gegenwart entscheidend beeinflussen: Warum ist das Misstrauen in und die Distanz zu Demokratie und Politik in Ostdeutschland so groß? Warum kommt die Deutsche Einheit in großen Teilen nicht voran – oder verzeichnet sogar Rückschritte? Woher kommt all die Wut? Weshalb sind Rechtspopulisten im Osten stärker als im Westen? Und warum gibt es einen anhaltenden Chauvinismus und derart viele Vorurteile gegen uns Ostdeutsche im Westen?

Wir werden keine schlüssigen Antworten auf diese Fragen finden, wenn wir uns nicht ehrlich und offen mit der Nachwendezeit beschäftigen. Und damit will ich keine Auseinandersetzung über Geschichte anschieben, sondern eine Debatte über grundsätzliche und aktuelle Fragen in Gang bringen, denn ich bin mir sicher:

Wenn sich zwei Länder, die bis zu diesem Zeitpunkt sozial, wirtschaftlich und gesellschaftlich derart unterschiedlich organisiert waren, zwar sehr hoch motiviert, aber innerhalb enorm kurzer Zeit und ohne Vorbild zusammenschließen, dann ist es nicht nur logisch, dass die innerhalb weniger Monate ausgehandelten Regelungen dieses Beitritts Lücken und

Fehler beinhalten können, sondern dass auch enorm viele Hoffnungen und Erwartungen nicht gleich oder gar nicht in Erfüllung gehen. Doch bloß, weil dieses »enttäuschende Nebenprodukt« der Einheit für einige »klar« und »selbstverständlich« ist, bedeutet das lange nicht, dass man nachträglich nicht darüber reden darf. Wir müssen diese Zeit aber gründlich aufarbeiten. In Ost und West! Es war ein großer Fehler, dass man sich 30 Jahre faktisch geweigert hat, dieses Konfliktfeld gesamtgesellschaftlich zu bearbeiten.

Es geht um Lebensschicksale. Wir müssen über die damals erlittenen Kränkungen, Demütigungen und Ungerechtigkeiten reden – und die Meinungen und Argumente vieler Westdeutscher dabei ernst nehmen. Niemand – auch nicht im Westen – sollte sich damit zufriedengeben, dass sich die Mehrzahl der Sachsen und Ostdeutschen immer noch als Bürgerinnen und Bürger zweiter Klasse fühlen. Auch ein großer Teil der jüngeren Generation in Ostdeutschland sieht sich als Bürger zweiter Klasse. Das Gefühl wird also teilweise weitergegeben. Es verschwindet nicht.

Genauso müssen wir Ostdeutschen uns damit beschäftigen, warum uns aus dem Westen eine gewisse Abneigung entgegenschlägt: Der junge Historiker Marcus Böick, mit seiner Doktorarbeit über die Treuhandanstalt derzeit bekannt geworden, berichtete in der *Süddeutschen Zeitung*, dass, als er zum Studieren im Jahr 2004 nach Bochum ziehen wollte, ihm die Maklerin bei der Wohnungssuche sagte, sie müsse erst Rücksprache mit dem Besitzer halten, weil er ja ostdeutsch sei.[141] Und als ob dies nicht genug war, bekam er diese Wohnung später auch nicht. Nur eine Anekdote? Leider nein. Eine Studie zeigt, dass sich insgesamt Ost- und Westdeutsche zwar in jüngster Zeit ähnlicher, aber besonders Ostdeutsche kritischer über die Westdeutschen als noch 1990 denken. Die Befragung ist von 2010, und auch Westdeutsche dachten laut der Erhebung insgesamt etwas schlechter über ihre ostdeutschen Landsleute als früher.[142]

Wir müssen auch die Politik der damaligen Zeit aufarbeiten. Es passierten ja zwei Dinge gleichzeitig. Der eine Impuls kam aus dem Westen: Es fegte zunächst ein Turbokapitalismus über Ostdeutschland, wenngleich sozial abgefedert. Konservative und Liberale feierten damals das »Ende der Geschichte« – der Kapitalismus hatte den Kommunismus besiegt – und setzten auf eine neoliberale Schocktherapie für die ostdeutschen Beitrittsgebiete. Ja, die ersten Jahre der wirtschaftlichen Einheit wurden ganz bewusst von harten wirtschaftlichen Entscheidungen dominiert, weil man eben keinen subventionierten und politisierten Strukturwandel wie im Ruhrgebiet wollte.[143]

Und der andere Impuls kam aus dem Osten. Erst hieß es: »Kommt die DM nicht zu uns, kommen wir zu ihr.« Dann kam die D-Mark und mit ihr das neue Wirtschaftssystem und damit das Ende vieler ostdeutscher Betriebe. Das führte beispielsweise zu einer enormen Bevölkerungs(ab)wanderung in Richtung Westen, was im Osten zu einem nie wieder reparierten Verlust an vor allem gut ausgebildeten jungen Menschen und im Westen gleichzeitig zu Abwehrhaltungen führte.

Die Mehrheit von uns Ostdeutschen wollte das aus unserer Sicht blühende westdeutsche Wirtschafts- und Sozialmodell komplett übernehmen und bemerkte nicht, dass dieses Modell angesichts der fortschreitenden Globalisierung zu diesem

Zeitpunkt selbst unter Druck stand und die Kosten der Deutschen Einheit das Modell der sozialen Marktwirtschaft sogar zu erdrosseln drohten. Es vergessen viele, dass Hartz IV eben auch eine Folge der Deutschen Einheit ist: Weil Kohl mit Rücksicht auf seine westdeutschen Wähler Steuererhöhungen ausschloss, wurden die Kosten der Einheit maßgeblich den Sozialsystemen aufgebürdet – und brachten diese fast zum Kollaps. Hätte man eine ehrliche Politik Anfang der 1990er Jahren gemacht, dann hätten Kohl und die CDU vielleicht vier Jahre weniger regiert – aber man hätte klare Verhältnisse gehabt. So folgten auf die neoliberale Politik und das wirtschaftliche Chaos Anfang der 1990er Jahre die Neuordnung des Sozialstaates mit der Hartz-IV-Politik von Rot-Grün zu Beginn des neuen Jahrtausends. Beides hat vor allem im Osten für große Verunsicherung gesorgt.

Warum bislang die Aufarbeitung scheiterte

Aber warum gab es bislang keine breitenwirksame Aufarbeitung? Diese Frage muss man stellen. Ich bin nicht die einzige, welche die Thematik in den letzten 30 Jahren benannt hat. Und dennoch ergab sich bislang keine tiefere und länger andauernde gesellschaftliche Debatte, die versucht, die Ursachen zu ergründen und Schlussfolgerungen in praktische Politik umzusetzen. Ja, die massenhaften Rückmeldungen auf meine Leipziger Rede im Oktober 2016 haben mich sehr überrascht. Vielleicht müssen 30 Jahre ins Land gehen, bevor sich eine Gesellschaft an die Aufarbeitung ihrer Vergangenheit wagt. Vielleicht traf die Rede auch deshalb den Puls der Zeit. Und natürlich spielen die aktuellen Wahlergebnisse der

AfD sowie das Auftreten von Pegida im Osten eine Rolle und halfen, wieder Schwung in diese Debatte zu bekommen.

Dennoch heißt das nicht, dass es jetzt tatsächlich auch eine Aufarbeitung geben wird. Es gibt nämlich auch Gegner und Kritiker dieses Prozesses. Wen haben wir also zu überzeugen?

Da sind erstens viele junge Menschen in Ost und West, die kaum mehr etwas über die Nachwendezeit wissen und die auch nichts mehr mit der Zeit anfangen können und oftmals größere Unterschiede zwischen Nord- und Süd- als zwischen Ost- und Westdeutschen sehen.[144] Sie verstehen auch oftmals die wütenden Einstellungen ihrer Eltern nicht, was zu Spaltungen der Familie am Küchentisch und bei Familienfesten führt. Sie hörten zwar das Geschimpfe und die Wut, aber es wurde selten über die wahren Ursachen gesprochen. Doch was sich hier andeutet, ist mehr als nur ein simpler Generationskonflikt: Die Kinder und Enkel haben in der Regel die Chancen und Möglichkeiten der Nachwendezeit voll genutzt. Sie sind studieren gegangen oder zogen weg, um eine Ausbildung zu machen. Sie wurden in die neue Freiheit geboren und nutzten sie. Die meisten definieren sich schon lange nicht mehr primär als Ostdeutsche.

Dies ist auch ein Grund, warum eine Gruppe junger Ostdeutscher, die sich selbst als »Dritte Generation Ostdeutschland« bezeichnete, mit der Aufarbeitung nur langsam vorankommt. Sie wollten die Erfahrungen einer ganzen Generation, der zwischen 1975 und 1985 in der DDR Geborenen, in der Wende- und Nachwendezeit zur Sprache bringen. Sie sahen, wie ihnen nach 1990 die ganze Welt offenstand, »während die Elterngeneration ihr komplettes Leben entwertet« sah und an der neuen Welt verzweifelte.[145] Die Eltern hatten oftmals keine Zeit, keine Kraft und schämten sich, über die Ereignisse zu reden. Sie hatten auch keine Distanz zu den aktuellen Vorgängen. Sie konnten ihren Kindern weder Erfahrung noch Orientierung mitgeben, weil sie selbst auf einmal im neuen System lernen, sich zurechtfinden und sich behaupten mussten.

Dennoch hat es die »Dritte Generation Ostdeutschland« vermocht, die Debatte über die neuen Länder stetig am Köcheln zu halten.[146] Ich kann nur auf einen langen Atem dieser Bewegung hoffen.

Gleichsam kritisch betrachten jene älteren Ostdeutschen diese Diskussion, die froh über die neuen Chancen ihren eigenen Erfolg nicht klein reden lassen möchten. Die Argumente schwanken hier zwischen marktradikal: »Es ging doch, ich habe es auch geschafft, ihr seid selber schuld, wenn ihr die Zeit nicht genutzt habt.« Oder einfach pragmatisch: »Hört auf zu jammern, das nervt und relativ gesehen geht es euch doch gut.« Zu dieser Gruppe gehören auch diese Art friedlicher Revolutionäre, die jahrelang eher alles vor 1990 als überaus schlecht empfanden und damit alles nach 1990 gutgeredet haben. Dazu noch all jene, welche in der DDR große Nachteile hatten, weil sie in der Kirche waren oder nicht dem System nach dem Mund redeten. Wie gut ich diese verstehe! Für diese war der Mauerfall eine Befreiung.

Viele andere haben sicherlich gedacht, man müsse einfach immer wieder den Satz Willy Brandts, »es wächst zusammen, was zusammen gehört«, wiederholen und Geduld haben, dann würde das Zusammenwachsen auch irgendwann abgeschlossen sein. Es galt das Prinzip: Lieber nicht über die wunden Seiten der Nachwendezeit reden, damit das harmonische Bild nicht gestört wird und kleinere Verletzungen einfach heilen können. Das hat augenscheinlich nicht geklappt. Laut einer Befragung aus dem Jahr 2015 ist noch immer fast die Hälfte der Deutschen der Ansicht, dass es erkennbare Unterschiede zwischen West- und Ostdeutschen gibt. Unter den Ostdeutschen sind es sogar 71 Prozent.[147]

Und nicht zuletzt haben die Konservativen und Wirtschaftsliberalen keinerlei Interesse an der Aufarbeitung der Wendezeit, da sich gerade in der Nachwendezeit die enorme soziale Ungerechtigkeit und die gesellschaftlichen Verwerfungen einer ungezügelten Marktwirtschaft zeigen. Und man darf gern beiläufig mit einer Mär aufräumen: Die CDU hat sich nie »sozialdemokratisiert«, wie das in den Medien immer wieder behauptet wird. Das ist schlicht falsch. Sie hat sich lediglich liberalisiert, wie beim Familien-Thema etwa. Hingegen hat sie sich immer gegen jede Umverteilung und damit auch gegen die soziale Reparatur der Nachwendefolgen gewehrt: Sie war lange Zeit gegen einen in Ost und West einheitlichen Mindestlohn, gegen die Rentenangleichung von Ost und West, und sie ist weiterhin gegen Steuererhöhungen für Reiche und Vermögende.

Und es steckt noch mehr dahinter: Viele Konservative und Wirtschaftsliberale sehen ihre Deutungshoheit der Nachwendezeit in Gefahr. Kritiker der Entwicklungen wurden schnell als »Jammer-Ossis« oder »DDR-Nostalgiker« diffamiert. Es wurde das Bild gezeichnet, die Politik der Nachwendezeit wäre »alternativlos« gewesen, der Kapitalismus hätte nun mal über den Sozialismus gesiegt. Kritische Stimmen störten hier nur das Bild. Der Historiker Philipp Ther hat interessanterweise geschrieben, was mir selbst entfallen war: Helmut Kohls Wahlkampf 1994, so Ther, bestand darin, die »Probleme im Osten« zu »Problemen des Ostens« zu machen: »Dafür stand die symbolische Figur des ›Jammer-Ossis‹, der nach westlicher Hilfe ruft und sich selbst nicht zu helfen weiß. Außerdem wurden die eigentlichen ›Reformländer‹ östlich der Elbe (…) verortet, als hätte das eigene Land keine Veränderungen nötig.«[148] Kohls Wahlkampfstrategen haben den Jammer-Ossi erst erfunden und als Kampfmittel eingesetzt. Eine ökonomisch schwache Minderheit zu stigmatisieren, um Mehrheiten zu gewinnen – das ist eine klassische rechte Strategie. Auf Faulheit, Sozialschmarotzertum und mangelnde Produktivität zu verweisen, um marktradikale Ideen umzusetzen? Das wiederum ist eine klassische neoliberale Strategie.

In Sachsen wurde dieser Ansatz perfektioniert: Weil von (Frei-)Staats wegen immer alles »spitze« und »toll« war, entwickelten sich die Versäumnisse und Fehler der 1990er Jahre noch stärker zum Tabuthema. In Brandenburg war das anders. Hier nahm Regine Hildebrandt kein Blatt vor den Mund. Leider hat niemand das Erbe nach dem viel zu frühen Tod von Regine Hildebrandt angetreten. Selbst die Linkspartei hat das Thema nach ihrer Westerweiterung nicht mehr besetzt.

Als ich die Diskussion über die Ungerechtigkeiten der Nachwendezeit wieder neu entfacht habe, sagte man mir, ich solle nicht alles schlecht reden. Ich solle auch nicht jammern. Und was kümmere ich mich überhaupt um dieses Thema?

Ich finde es sehr gut, dass manche Konservative endlich die aktuelle Debatte aufgenommen haben und von »gewaltigen gesellschaftlichen Umbrüchen« sprechen, die sich niemand im Westen vorstellen könne. Dort wisse kaum jemand, »wie das ist, wenn um einen herum alles zusammenbricht, es keinerlei Gewissheit aus Erfahrung gibt und Sorgen um die Zukunft. Selbst der harte Strukturwandel im Ruhrgebiet ist dagegen eine harmlose Veranstaltung«[149], meint etwa der neue Ostbeauftragte der Bundesregierung, Christian Hirte (CDU).

Doch die Gruppe, die wir wohl am meisten überzeugen müssen, eine solche gesamtdeutsche Aufarbeitung zu führen, sind die Westdeutschen. Nicht weil diese besonders unwillig wären. Sie hatten fast nie einen direkten Bezug zu diesem Thema und sind gleichzeitig die deutliche Mehrheit in unserem Land. Sie haben zumeist einfach keine Ahnung, worum es genau geht. Aber: Auf das Thema angesprochen reagieren sie überwiegend offen, interessiert und überrascht. Ich war im Januar 2018 im fränkischen Städtchen Neuendettelsau bei Nürnberg. Einer der Gemeinderäte, Rudolf Kupser, hatte den Besuch organisiert, nachdem er mich zum Thema in der Talkshow von Anne Will gesehen hatte. Er schrieb mir einen langen Brief, und ich habe damals sofort zugesagt. Und in dieser westdeutschen Gemeinde habe ich dann über die Nachwendezeit gesprochen – und die Reaktion war: »Ehrlich gesagt, wir wissen über all diese Dinge nichts. Darüber müssen die Menschen informiert werden.« Das höre ich immer wieder, sei es, wenn ich mit Journalisten spreche, sei es, wenn ich mit westdeutschen Staatssekretären über die Ungerechtigkeiten der geschiedenen Frauen in der DDR spreche. Es herrscht überwiegend Unwissenheit, aber zumeist großes Interesse!

Aus Unwissenheit entstehen dann fast schon zwangsläufig Vorurteile. Ich bin in den letzten Monaten immer wieder einem westdeutschen Vorurteil begegnet, das 1:1 den Ressentiments vieler Ostdeutscher gegenüber Geflüchteten gleicht: »Die haben doch schon genug Geld bekommen. Für die wird Geld ausgegeben, aber für uns ist nichts mehr da.« Ich möchte mal sehen, was etwa Einwohner von Gelsenkirchen oder Bochum antworten, wenn sie die Ergebnisse der Umfrage des Sachsen-Monitors hören: Dort antworteten 58 Prozent der Sachsen, dass mehr Geld in die Deutsche Einheit statt in die Integration fließen sollte. Was meinen Sie, was würde der Gelsenkirchner oder Bochumer antworten? Ich weiß nicht, für wen sich viele Westdeutsche entscheiden würden: Noch mehr Geld für die Ossis oder für die Integration von Flüchtlingen? Ich weiß nur, die Fragestellung ist komplett falsch!

Doch das Gefühl von Benachteiligung wird immer weiter populistisch geschürt: Kritisch zu sein ist noch heute mit dem Vorwurf belegt, »das Gute« nicht sehen und die positive Aufbauleistung des sogenannten »Aufschwung Ost« negieren zu wollen. Als ich in der Sendung »Anne Will« kurz nach der Bundestagswahl im Oktober 2017 mit dem heutigen bayerischen Ministerpräsidenten Markus Söder über die Chancen einer Jamaika-Koalition diskutierte, legte er mir, offenbar ohne wirklich zugehört zu haben, sofort die Forderung in den Mund, den Solidaritätszuschlag verlängern zu wollen.[150] Mal abgesehen davon, dass es immer noch ein weit verbreitetes Falschwissen ist, dass der Westen allein die Solibeiträge zahlt, konnte davon überhaupt nicht die Rede sein. Es geht eben nicht um das Geld, nicht um neue Brücken, sanierte Häuser und dreispurige Autobahnen. Es geht auch nicht um eine Geringschätzung der westdeutschen Aufbaugelder, sondern um eine Wertschätzung der ostdeutschen Um- und Aufbaugeneration. Auf meine Einladung hin, doch mal in den Osten zu kommen und sich anzusehen, wo die gesellschaftlichen Probleme trotz neuer Straßen und Radwege liegen, ging Herr Söder überhaupt nicht ein.

Und es gibt noch einen dritten Punkt, warum sich viele Westdeutsche schwer damit tun, die Debatte aufzunehmen. Nehmen wir die westdeutschen Bergleute: Diesen grundsätzlich sehr politischen und organisierten Menschen ist eben durchaus bekannt, wie der Ausstieg aus der Kohle im Osten ablief, welche Herabsetzung die Menschen im Ostteil des Landes erfahren haben – und dass es den Kumpeln im Westen relativ gesehen sehr viel besser ergangen ist. Sie haben aber – Zitat: »keinen Bock« –, sich immer nur anzuhören, dass es ihnen doch total gut gehe. Denn sie sehen gleichzeitig, dass im Osten die Straßen und öffentlichen Einrichtungen neu sind und Investitionen in den »neuen Bundesländern« getätigt wurden, während die Städte und die Infrastruktur in Duisburg, Bochum oder Marl teilweise veröden.

Und deshalb ist es so schwer, unter westdeutschen Bundestagsabgeordneten – egal übrigens aus welcher Partei – Verbündete für die Forderung nach Aufarbeitung zu gewinnen. Deswegen kann man »nicht einfach nach Berlin gehen« und »mal schnell was ändern«. Was wir brauchen, ist zuerst eine große gesamtgesellschaftliche Diskussion über das Thema! Die Menschen müssen mitdiskutieren, und wir müssen dabei Verbündete finden. Wenn die Einstellung aber ist, »*die Politik ist eh verlogen*« oder »*ihr seid alle Verräter*«, dann fallen die Leute den Falschen in den Rücken. Oder glaubt irgendjemand, dass eine von gut verdienenden westdeutschen

Männern dominierte AfD eine solche Aufarbeitung beginnen wird? Niemals.

Die letzte große Gruppe an Gegnern einer umfassenden Nachwendediskussion: Das sind wir Ostdeutschen selbst. Ich habe lange darüber nachgedacht, warum manche Veranstaltungen zum Thema »Treuhand« und »Nachwendezeit« nicht so angenommen werden, wie ich das erwartet hätte. Warum kommen nicht noch mehr Leute zu solchen Gesprächsrunden?

Ich glaube, sie müssen erst wieder die Kraft entwickeln, darüber zu reden. Mehrfach hörte ich: »25 Jahre habt ihr nicht mit uns reden wollen! Niemand wollte die Wahrheit hören!« Der Gesprächsfaden war gerissen. Das Thema stigmatisiert.

Hinzu kommt das immer wieder spürbare Misstrauen, dass offensichtlich sowieso nur wieder »Experten« kämen, die den Menschen, der Erlebnisgeneration, den Zeitzeugen sagen wollten, wie es wirklich war und wie falsch unsere eigene Wahrnehmung sei. Diese Verweigerungshaltung gegenüber den aufzuarbeitenden Problemen zementiert leider die Nichtaufarbeitung. Hier werden ich und viele andere Verantwortungsträger noch eine ganze Zeit lang um Vertrauen und für das offene Gespräch werben müssen.

Damit hängt ein weiteres Thema zusammen. Dies ist mir besonders bewusst geworden bei den Gesprächen mit Betroffenengruppen, die sich um ihre Rentenansprüche betrogen sehen. Ich war völlig perplex, als ich feststellte, dass all die verschiedenen Gruppen bisher kaum miteinander geredet haben. Die verschiedenen Interessensverbände waren kaum vernetzt, haben kein ostdeutsches Bündnis geschmiedet. Die geschiedenen Frauen in der DDR nicht mit den Eisenbahnern und diese nicht mit den Bergleuten. Teilweise fehlte es sogar an der Solidarität innerhalb der einzelnen Gruppen, etwa zwischen den unmittelbaren Bergarbeitern und den Kollegen der braunkohleveredelnden Industrie. Man hat sich nicht gemeinsam organisiert. Man hat zu selten Solidarität geübt und damit keine politische Schlagkraft erreicht.

Warum fehlt aber diese Solidarität so häufig? Hat der Turbokapitalismus in der Nachwendezeit die gesellschaftliche Solidarität zerstört? Haben zu viele – auch unter uns – das neoliberale Mantra verinnerlicht, »wenn jeder an sich selbst denkt, ist an alle gedacht«? Oder war es die Nachwendezeit mit ihren Umbrüchen und dem plötzlichen »Überlebenskampf« jedes Einzelnen? Oder war auch schon die Solidarität in der DDR oft brüchiger, als wir heute im Rückblick glauben – so dass in der Gesellschaft der Nachwendezeit nur zum Vorschein kam, was ohnehin kaum mehr vorhanden war?

Ich erinnere mich noch sehr gut an die Jahre nach dem Mauerfall, als in relativ kurzer Zeit die Solidargemeinschaft im Osten, die zu großen Teilen eine Notgemeinschaft war, fast völlig zusammenbrach. Wie die Leute über die Hecke schauten, wenn der Nachbar ein neues Auto gekauft hatte, wenn auch nur auf Kredit. Neid und Missgunst breitete sich aus. Solidarische Einrichtungen wie Gewerkschaften und Betriebsräte wurden gemieden.

Doch das kann nicht unser Selbstanspruch sein. Wir Ostdeutschen müssen uns wieder organisieren! Wir brauchen eine ostdeutsche Renaissance der Solidarität! Ich finde, die Gegenwehr der Görlitzer und Lausitzer Arbeiter gegen den Abbau von Arbeitsplätzen bei Siemens war ein großartiger Anfang. Doch es wird schwer.

Viele von uns Ostdeutschen haben sich zurückgezogen in einen Kokon des Privaten, der sie schützt. Vor allem Männer. Man ging nicht mehr wählen, man schimpfte und murrte, aber mehr passierte nicht. Man eignete sich eine raue Schale an. Ich bemerke leider zu oft, dass viele aufgrund der Kränkungen und Demütigungen böse, wütend und auch oft ungerecht gegenüber anderen geworden sind und Pöbeleien sowie Hass freien Lauf lassen. Viele im Osten haben sich aufgrund ihrer persönlichen Erfahrungen in der Nachwendezeit die Ansicht zugelegt: »Die wollen dich doch sowieso nur über den Tisch ziehen.« Die Treuhand als negativer »Gründungsmythos« beinhaltet auch eine entsprechende »Gründungs-Verschwörungstheorie«.

Dieses Misstrauen ist mittlerweile so groß geworden, dass man leicht denen auf den Leim geht, die weiteres Misstrauen schüren. Ich warne meine Mitmenschen in Ostdeutschland: Sie sollten sich heute nicht ein zweites Mal nach 1990/91 von einem nationalistischen Dunst besoffen machen lassen. Der Autor Peter Richter, der 1989 ein junger Punk und damals gegen die schnelle Deutsche Einheit war, schrieb in seinem Roman »89/90« über seine Erlebnisse, als er nach der Rede von Helmut Kohl in Dresden am 19. Dezember 1989 an der Ruine der Frauenkirche von »national gesinnten« Zuhörern verprügelt wurde: »Wir waren nun möglicherweise diejenigen, die am meisten profitiert haben. Während die, die damals mit Deutschlandflaggen auf uns eingeprügelt haben, zügig arbeitslos wurden.«[151] Das klingt zynisch und ungerecht. Aber es lohnt sich, über diese Beschreibung nachzudenken.

Natürlich kann ich den Frust vieler Menschen verstehen. Oft habe ich zu hören bekommen: »Für die Banken, für Griechen oder Flüchtlinge wird was getan, aber nicht für uns.« Das ist einseitig und ungerecht, hat aber auch ein Stück Wahrheit in sich. Jahrelang hat es massive Kürzungen in allen Bereichen gegeben. Der Jugendklub, die Polizeistelle und die Schule im Ort wurden geschlossen. Unterrichtsstunden fielen aus, weil nicht genügend Lehrer vorhanden waren. Der alte DDR-Plattenbau wurde von der städtischen Wohnungsbaugesellschaft erst langsam auf Vordermann gebracht. Doch die Erstaufnahmeunterkunft für Geflüchtete wurde vor dem Bezug noch schnell saniert.

Erhebungen belegen, dass zwei Drittel der Ostdeutschen meinen, nicht ihren gerechten Anteil am Wohlstand zu erhalten; nur ein Drittel fühlt sich fair behandelt. In den alten Bundesländern ist das Verhältnis übrigens umgekehrt.[152] Laut der bereits mehrfach zitierten Umfrage des Sachsen-Monitors 2017 sagen 58 Prozent der Sachsen, »nach der Wiedervereinigung wurde vielfach neues Unrecht geschaffen«. Und 61 Prozent meinen, die Leistungen der Ostdeutschen für den Aufbau der neuen Bundesländer seien zu wenig gewürdigt worden.[153]

Doch wir alle wissen: Auch wenn kein einziger Geflüchteter nach Sachsen gekommen wäre: Kein Lehrer mehr würde vor den Klassen stehen. Niemand hätte höhere Löhne. Die Nachwendezeit wäre nicht anders verlaufen. Und auch keine Platte mehr wäre saniert worden. Dies gilt es zu vermitteln und immer wieder deutlich zu machen. Die Flüchtlinge von heute und damals können nichts dafür, dass die Nachwendezeit so lief, wie sie lief. Und gleichzeitig bleibt ein tiefes Gefühl der Ungerechtigkeit vor allem bei der ostdeutschen Aufbaugeneration nach 1990, wenn man sein Leben lang zu Niedriglöhnen gearbeitet hat und dann genauso in der Grundsicherung landet wie Langzeitarbeitslose oder Flüchtlinge, die kaum oder nie eingezahlt haben. Rassismus und Fremdenhass sind hier allerdings fehl am Platz.

Die Lösung liegt nicht im Ausspielen von Arm gegen Arm, sondern in einer größeren Verteilungsgerechtigkeit in unserem Land. Wir können es uns leisten, Arbeiter ordentlich entlohnen zu lassen, gute Renten zu bezahlen *und* Flüchtlingen Schutz zu geben. Wir müssen nur schauen, dass starke Schultern mehr Last tragen als schwache Schultern. Aber weil dieses Grundprinzip mehr und mehr durchlöchert wird, sind eine breite Verteilung des Wohlstandes und der damit verbundene gesellschaftliche Zusammenhalt gefährdet.

Wofür eine Aufarbeitung?

Doch warum sollen wir eigentlich aufarbeiten? Es gibt genug Leute, die sagen: Lasst doch endlich diese Ost-West-Sache ruhen! Das wirbelt nur wieder Ärger und Wut auf! Andere meinen, dass sei eher ein Thema für Geschichtsvorlesungen, aber nicht für die Parlamentsdebatten. Man soll die Aufarbeitung »der Wissenschaft überlassen«.[154] Doch das greift meiner Ansicht nach zu kurz.

Es ist ganz klar ein Mehrwert an sich, eine solche Aufarbeitung anzugehen. Sie schafft Klarheit und schließt Wunden. Denn wenn man in die Zukunft will, muss man erst einmal in der Vergangenheit aufräumen. Ballast abwerfen. Ungereimtheiten ausräumen. Der Wissenschaftler Marcus Böick hat zudem richtigerweise betont, dass wir durch eine solche

Aufarbeitung »von den Klischees und den Zerrbildern, die in den 90er Jahren entstanden sind, ein Stück weit wegkommen.« Es wäre »die Möglichkeit, einen größeren Diskurs zu führen, was die deutsche Gesellschaft zusammenhält (...). Gerade auch mit Blick auf die jüngsten politischen Entwicklungen. Gerade in Ostdeutschland, wo populistische Kräfte Zulauf erhalten, da könnte dieser Ansatz sehr fruchtbar sein.« Und er ergänzt: »Da darf die Politik nicht einfach sagen, wir delegieren das an die Wissenschaft weiter, und die kümmern sich dann drum.«[155]

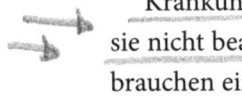
Kränkungen vergisst man nicht – sie prägen weiter, wenn sie nicht bearbeitet werden. Und werden weitergegeben. Wir brauchen eine Aufarbeitung der Nachwendezeit in der Breite der Gesellschaft. Wir Ostdeutschen können dabei selbstbewusst und offensiv auftreten – was aber auch einen kritischen Blick auf die letzten 30 Jahre erfordert. Zum Selbstbewusstsein und zur Selbstachtung gehört auch, eigene Fehler einzugestehen und Defizite zu benennen.[156]

Es wäre bitter, wenn uns die Entwicklung der letzten 30 Jahre nicht weiter zusammenführt, sondern spaltet. Und diese Gefahr besteht – und zwar in mehrfacher Hinsicht. Derartige Entfremdungsprozesse werden inzwischen offen benannt, etwa vom Journalisten Markus Decker in seinem *Zeit*-Artikel mit dem bitteren Titel, »Ich bin wieder der Wessi«. Markus Decker ist nicht irgendeiner. Er schrieb für viele Zeitungen über 28 Jahre aus dem Osten und sogar Bücher über seine Liebe zum Osten. Wie vielen »Wossis« machte es ihm immer wieder zu schaffen, »dass sich in der alten Heimat [im Westen] fast niemand zu interessieren schien für das, was in meiner neuen Heimat [im Osten] vor sich ging. Spätestens nach der Antwort auf die zweite Alibifrage hörte der Fragesteller nicht mehr hin. Der Osten war zweitrangig, bestenfalls.«[157] Und nun schreibt er nach den ausländerfeindlichen Exzessen: Die Liebe zum Osten sei erloschen. »Ich habe den Osten immer so verteidigt. (…) Doch inzwischen hat sich für mich vieles geändert. Meine Sicht auf den Osten, auf diese zweite Heimat. Mein Verständnisreservoir ist, was Ostdeutschland betrifft, seit der Flüchtlingskrise aufgebraucht.« Fast möchte man antworten: Echte Liebe zeigt sich erst in der Krise. Bitte keinen Schnellschuss.

Doch ich sehe auch andere Entfremdungsprozesse, und zwar zwischen Jung und Alt, oder besser, zwischen den älteren Hiergebliebenen und den jüngeren, die zum Studieren und Arbeiten weggezogen sind. Für die meisten, die heute in westdeutschen Großstädten oder irgendwo in Europa leben, bestehen die Kategorien Ost und West so nicht mehr. Viele kommen nun aber heim, sei es an Geburtstagen oder zu Weihnachten, und entdecken, dass ihre Eltern Pegida unterstützen und Vorurteile am heimischen Küchentisch Platz nehmen. Eltern und Kinder sind auf einmal erschrocken, welche Kluft sich zwischen ihnen aufgetan hat.

In wie vielen Familien sind die Tischtücher zerschnitten? Schon allein für den Zusammenhalt der vielen Familien ist es erforderlich, die Aufarbeitung der schwierigen Nachwendezeit anzugehen und gemeinsam nach neuen Lösungen zu suchen.

Integriert doch erst mal uns!

Wenn mir Leute zuriefen: »Integriert doch erst mal uns«, dann beinhaltet dies den Wunsch, endlich nicht mehr Bürger zweiter Klasse zu sein, sondern gleichwertig in der bundesdeutschen Gesellschaft ankommen zu wollen. Manche haben daraus Ähnlichkeiten zur Lebenswirklichkeit von Migranten herausgelesen. Als die Grünen-Politikerin Katrin Göring-Eckardt kommentierte, »30 Prozent der Kinder und Jugendlichen heute haben bereits einen Migrationshintergrund, und dabei habe ich die Ossis jetzt noch nicht mitgerechnet«[158], sorgte dies für massive Aufregung im Netz und zu einer üblen Kampagne von rechts außen gegen sie. Auch manche ostdeutsche Leserinnen und Leser werden sich gefragt haben: »Werde ich jetzt mit Türken und Syrern verglichen«? Einige warfen der Ostdeutschen Göring-Eckardt Rassismus und Diskriminierung von Ostdeutschen vor. Doch lassen wir uns doch mal kurz auf den Gedanken ein!

Die Migrationsforscherin Naika Foroutan stellte etwa fest: »Sehr viele Erfahrungen, die Ostdeutsche machen, ähneln den Erfahrungen von migrantischen Personen in diesem Land. Dazu gehören Heimatverlust, vergangene Sehnsuchtsorte, Fremdheitsgefühle und Abwertungserfahrungen.« Sowohl den Türken, Italienern und Ostdeutschen sei von den Westdeutschen gleichsam unterstellt worden, »sie hätten nie gelernt, richtig zu arbeiten. Oder die Reaktion, wenn jemand über Ungleichheit spricht. Jammer-Ossis heißt es bei den Ostdeutschen, Opferperspektive bei Migranten. Auch der Vorwurf, hier nicht richtig angekommen zu sein, ist ähnlich. Ebenso wie der, sich in der sozialen Hängematte auszuruhen und von Sozialleistungen oder dem »Soli« zu leben. Sogar der Vorwurf, nicht demokratiekompatibel zu sein«.[159]

Ähnlich schrieb es Ralph Bollmann in der *Frankfurter Allgemeinen Sonntagszeitung*: »Nüchtern betrachtet, sind das die üblichen Begleiterscheinungen vieler Migrationsprozesse. Die erste Generation von Einwanderern muss oft Jobs annehmen, die unter ihrem ursprünglichen Qualifikationsniveau liegen. Diese Erfahrung machten die Vertriebenen nach dem Zweiten Weltkrieg genauso wie später die Russlanddeutschen. Das hat viele Gründe. Die völlig verschiedene Wirtschaftsstruktur von Herkunfts- und Aufnahmeland zählt dazu, andere Ausbildungsgänge, fehlende Netzwerke in der neuen Gesellschaft, geringere materielle Absicherung. Es geht auch um Habitus und kulturelle Missverständnisse: Was der Ostdeutsche vielleicht als bescheiden empfindet, gilt dem westdeutschen Chef womöglich als Mangel an Initiative.«[160]

Oder lesen wir bei Jagoda Marinić in der *Süddeutschen Zeitung* nach: »Die Ostdeutschen bekamen den deutschen Pass natürlich schneller als die neuen Deutschen, die zuerst da waren, schließlich waren die Ostdeutschen verlorene Söhne. Dafür, dass sie wieder in die Familie aufgenommen wurden, verloren sie ihr Schulsystem, ihr politisches System, ihre Wirtschaftsordnung. Sie hätten diese Zeit als Gewinn erleben können, doch das vereinte Deutschland versäumte es, einen gemeinsamen Neubeginn zu wagen. So trat der Osten einfach der Bundesrepublik bei. Die Ossis kamen zu Wessi-Konditionen zur Einheit, sie wurden eingegliedert. Man erwartete von ihnen eine Integrationsleistung wie von jedem Ausländer auch.«[161] Eine höchst bedenkenswerte Perspektive!

Was können wir nun tun?

Kann Deutschland zusammenwachsen, solange sich seine Bürgerinnen und Bürger nicht auf Augenhöhe begegnen und voneinander wissen? Kann allein Geld heilen? Oder geht es nicht eher um Genugtuung? Und um Deutungshoheit: Wer darf wen beurteilen und über seine Perspektive entscheiden? Welche Erfahrungen müssen aufgearbeitet werden? Wo kann die Politik helfen? Und an welchem Schopf müssen wir Ostdeutsche uns aus manchem Selbstmitleid ziehen?

Wenn ich durch das Land fahre und versuche, mit den Bürgerinnen und Bürgern ins Gespräch zu kommen, ist die Reaktion oft zweigeteilt. Während die einen froh darüber sind, dass ich mich als Ministerin diesem Thema widme, winken die anderen ab und meinen, es ändere sich doch sowieso nichts, denn darauf habe man schon fast 30 Jahre vergeblich gewartet. Nicht wenige haben sich bereits aus dem demokratischen Prozess verabschiedet, bevor sie überhaupt in den Diskurs getreten sind, weil sie die Erfahrung gemacht haben – ob nun zu Recht oder nicht –, dass ihre Meinung nicht gehört wird, nicht durchdringt, nichts zählt.

Aber ist das wirklich so? Kann man nicht auch Dinge ändern, Fehler korrigieren? Gerechtigkeit herstellen? Sich auf Augenhöhe begegnen? Ich denke schon.

Erstens: Wir müssen erzählen und uns gegenseitig zuhören.

Es ist wichtig, dass man diesen Satz genau nimmt: Wir brauchen eine *gesamtdeutsche* Aufarbeitung der Verwerfungen und Verletzungen der Nachwendezeit. Bei der Aufarbeitung der Treuhand droht erneut, dass konservative westdeutsche Wissenschaftler den »Ossis« erklären, warum das alles genau so passieren musste, wie es passierte. Der Osten muss sich seinen Platz in der gesamtdeutschen Geschichte erkämpfen. Daher darf es keine Fortschreibung allein der westdeutschen Perspektive geben.

Wir müssen Podien erstreiten, um über unsere Wahrnehmung zu berichten. Wir Politiker müssen dabei zu den Menschen gehen und ihnen offen zuhören. Daraus muss eine neue Debatte entstehen: kritisch, aber nicht nachtragend, ehrlich, aber nicht vorwurfsvoll. Denn nach fast 30 Jahren ist es an der Zeit, dass wir für unsere ostdeutschen Erfahrungen die Deutungshoheit für die Nachwendezeit zurückerobern. Das Thema gehört endlich auf die politische Tagesordnung.

Deutschland wird so lange nicht vollständig zusammenwachsen, wie sich seine Bürgerinnen und Bürger nicht auf Augenhöhe begegnen und voneinander wissen. Wir brauchen eine Politik, welche die bis heute reichenden harten Folgen der Deutschen Einheit angeht.

Das Nachwende-Thema muss auf die Tagesordnung. In der Erwachsenenbildung und in den Schulen. Bislang kommen die Geschichtslehrer meist nur bis zum Mauerfall – wenn der zugunsten anderer Fächer gekürzte Geschichtsunterricht nicht schon 1945 endet.

Wir brauchen Kulturprojekte, die sich des Themas annehmen. Wer die Dokumentationen »Wem gehört der Osten?« und »Wer beherrscht den Osten?« im *mdr*-Fernsehen gesehen hat, weiß, wovon ich spreche – nur leider wurden diese wieder nur im Ost-Fernsehen gesendet. Und der Westen bleibt das Tal der Ahnungslosen. Wie oft haben mir Korrespondenten überregionaler Medien erzählt, dass sie in ihren westdeutschen Zentralredaktionen ähnliche Probleme haben wie wir Ostdeutsche selbst: An diesem Thema sei niemand interessiert, das sei irrelevant, man habe aktuellere Fragen zu besprechen. Manchmal habe ich das Gefühl, über Ostdeutschland wird immer noch berichtet, als handele es sich um Auslandsreportagen, was Christoph Dieckmann von der *Zeit* schon vor 20 Jahren beklagt hat. Der Osten ist den Medien auch deshalb fremd, weil viele Redaktionen mehrheitlich westdeutsch besetzt sind. Wir müssen dafür werben, dass Ostthemen eben gerade nicht nur in der *Zeit im Osten* erscheinen, sondern ganz bewusst in der gesamtdeutschen Ausgabe.

Ich will, dass viele kleine, lokale und regionale Projekte entstehen, die die jüngere Geschichte vor Ort dokumentieren und aufarbeiten. Ich fordere die Menschen im Osten auf: Gründen Sie Geschichtswerkstätten! Dabei sollten nicht nur die technischen und wirtschaftlichen Aspekte im Vordergrund stehen, sondern vor allem die Menschen, ihre Arbeit, ihr Leben, ihre Erfahrungen. Sie sollen spüren, dass ihre Lebensleistung anerkannt und wertgeschätzt wird: Ja, die Lebenslage im Osten hat sich verbessert. Ja, der Umbruch war heftig und produzierte Härten.

Diese Ambivalenz ist den Menschen meist sehr bewusst.

Sie sehen es ja jeden Tag. Aber das Gefühl der Ungerechtigkeit wird davon nicht kleiner. Geben wir den Menschen die Chance, ihre ehemaligen Lebens- und Arbeitsorte durch Erzählen und Diskutieren lebendig zu machen, die Verletzungen und Demütigungen dieser Zeit festzuhalten und davon zu berichten. Und lasst uns dabei den Menschen zuallererst einfach nur zuhören.

Es wäre übrigens ein Fehler, wenn alle nun in die Archive rennen und beispielsweise die Treuhandakten sichten, die endlich in Teilen zugänglich sind, aber keiner sichert Berichte und Einschätzungen von Zeitzeugen. Diese Berichte muss man sammeln und festhalten. Auf einer der Diskussionsrunden zur Treuhand erzählte mir ein damaliger Betriebsrat von einem westdeutschen Vertriebsleiter, der von der Treuhand dem Unternehmen vor die Nase gesetzt worden sei – aber ein westdeutscher Betriebsrat informierte den ostdeutschen Kollegen, das jener zuvor aus einem bayerischen Unternehmen wegen Unfähigkeit entlassen wurde. (Soweit das Klischee über westdeutsche Glücksritter aus der dritten Reihe.) Doch die Geschichte geht eben weiter: Denn der Betriebsrat informierte die Treuhand – und der Vertriebsleiter wurde wieder entlassen. Von all diesen Telefonaten steht vermutlich nichts in den Akten. Und es zeigt sich wieder einmal: Nichts ist schwarz-weiß.

Das Ziel der Aufarbeitung ist eben kein Gegenentwurf zur erfolgreichen Entwicklungsgeschichte unseres Landes. Es ist der Versuch der Vervollständigung dieses Bildes. Es geht mir hier um beide Seiten der Medaille! Denn zur Wahrheit gehört auch, dass es neben den negativen Erfahrungen der Nachwendezeit viele tolle und schöne Erinnerungen gibt!

Es war eine »wilde Zeit«. Viele sagen wie ich: Eine ganze Menge ist damals dumm gelaufen und schiefgegangen. Aber es war trotzdem eine spannende Zeit, die man irgendwie auch »nicht missen will«.

Die Aufarbeitung soll sich ebenfalls nicht pauschal gegen »den Westen« richten. Es geht nicht um Schuldzuweisungen in schwarz-weiß, sondern um einen differenzierten Blick auf konkrete Vorgänge. Was ich gewiss nicht will, ist eine möchtegern-identitätsstiftende Erzählung, die auf beleidigtem und damit von vornherein verlorenem Posten nun den Osten trotzig als das bessere Deutschland herausstellt. Simon Strauss hat das nur zu genau in der *Frankfurter Allgemeinen Zeitung* beschrieben: »Während im Westen nur das Neue siegt, wird im Osten das Alte verteidigt. (…) Ist das der Patriotismus von heute: von ›Rissen‹ zu schwärmen und sich über die Meinungsherrschaft in westdeutschen Medien zu beschweren? Ist dafür vor neunundzwanzig Jahren die Mauer gefallen, wurde dafür das symbolische Risiko eingegangen, den Bundestag nach Berlin zu verlegen, dass wir jetzt wieder von ›Ostdeutschland‹ sprechen, als wäre nichts weiter dabei, als gäbe es keine gemeinsame Zukunft?«[162]

Ich will nicht, dass wir uns aufspalten lassen in Ost und West, dass wir eine gemeinsame Geschichte negieren, indem wir uns gegenseitig die Ignoranz des Gegenübers vorwerfen. Kritik erfordert auch Selbstkritik. Einen fairen Austausch zwischen Ost und West haben wir leider bisher versäumt. Dem muss etwas entgegengesetzt werden. Ich versuche das in meinem Bereich. Nach der Veranstaltung in Bayern ging es ins Ruhrgebiet zur Diskussion über Strukturwandel und Transformation. In Bochum und Altena habe ich genau zugehört, wie Strukturwandel, demografische Entwicklung und Integration in westdeutschen Städten angegangen werden. Und es sind keine Vorträge, die da stattfinden, sondern Austausche. Kein Besserwissen, sondern Fachsimpeln und gegenseitiges Bestärken. Und eine gewonnene Idee aus dieser Reise ist eine gemeinsame Konferenz der struktureschwachen Regionen Deutschlands: eine Konferenz des fachlichen Austauschs, der kreativen Ideenfindung und der sichtbaren Solidarität.

Nicht zuletzt müssen auch die Westdeutschen nachvollziehen können, was wirklich nach der Wende passiert ist. Ja, die Häuser in Leipzig, Dresden, Görlitz oder Weimar sind wunderschön saniert. Die Dorfkerne glänzen anders als etwa im Ruhrgebiet. Doch die Westdeutschen müssen auch wissen: Kaum eines dieser wunderschönen Häuser gehört einem Ostdeutschen – sie gehören westdeutschen Zahnärzten und Besserverdienenden. Und darin wohnen oftmals Menschen, die berufsfremd arbeiteten, weit entfernt pendeln mussten und oft nicht wussten, wie sie die nächste Mieterhöhung verkraften können.

Zweitens: Wir brauchen ein Bündnis zwischen Ost und West.

Wir Ostdeutschen müssen anerkennen, dass auch Gelsenkirchen oder Mannheim einen enormen Strukturwandel hinter sich haben. Vielleicht nicht über Nacht, so wie es der Osten in der Wendezeit erlebte. Doch wenn wir in Ostdeutschland nur meckern und unsererseits nicht die westdeutsche Entwicklung verstehen wollen, machen wir uns selbst zu Bürgern zweiter Klasse. Ostdeutsche haben häufig kaum Ahnung beispielsweise von einer Einwanderungsgesellschaft, die im Westen Realität ist. Sie haben viele Meinungen (»von Wessis über den Tisch gezogen«), aber wissen nicht immer, dass auch die arme Stadt Gelsenkirchen viele Millionen seit 1991 in den Aufbau Ost eingezahlt hat.

Aber ich möchte nicht, dass wir die Solidarität zu unseren Mitmenschen verlieren und dabei andere zu einer dritten Klasse abwerten, seien es Arbeitslose oder Flüchtlinge. Augenhöhe müssen auch wir Ostdeutsche einhalten. Letztendlich wäre fatal, wenn wir uns gegeneinander ausspielen lassen: Ruhrgebiet gegen Lausitz, Leipziger Land gegen die Uckermark. Flüchtlinge gegen Bergarbeiter.

In der *Süddeutschen Zeitung* las ich: »Oft hört man derzeit: Die da drüben sollen nicht jammern, dem Ruhrpott gehe es auch nicht besser. Dabei wäre genau das ein Grund, auf gemeinsame Forderungen zu setzen statt auf spaltende Neiddebatten. Nicht gegen die schwachen Regionen und Teile der Gesellschaft zu reden, sondern mit ihnen. Manchmal sogar für sie.«[163] Besser kann man es kaum sagen.

Wollen wir wirklich zulassen, dass die jeweils Schwachen gegeneinander ausgespielt werden? Die Reichen in diesem Land freuen sich doch geradezu, dass so lange nur über Islam, Flüchtlinge und Nationalismus gesprochen wird, aber nicht über eine solidarische Verteilung der Lasten und deren Beiträge zum Allgemeinwohl.

Und es geht letztlich auch darum, bestehende »Diskursmauern zwischen den Landesmauern«[164] einzureißen. Nach Medienanalysen des Wissenschaftlers Raj Kollmorgen gibt es diese nämlich, sowohl politisch-kulturell als auch zwischen Ost und West. »Zusammenfassend erschienen Ostdeutschland und Ostdeutsche in den hegemonialen Massenmedien zwischen 1993 und 2007 vor allem als geschichtliche, insbesondere durch das negativ bewertete ›Herrschaftsregime der DDR‹ (aus-)gezeichnete Bevölkerungsgruppe; als etwas Besonderes, als besondere, als exotische und abgeschlagene Peripherie; als Belastung der bundesrepublikanischen Gesellschaft, vor allem ihres Wohlstandes; als passive, abwartende, (er)leidende Bevölkerungsgruppe; insgesamt als Region, für die negative Zukunftsaussichten bestehen.«[165]

Drittens: Eine ehrliche Aufarbeitung der Treuhand ist erforderlich.

Es gibt riesige Aktenbestände der Treuhand und von ihr abgewickelter Unternehmen, die gerade geordnet und für die Nutzung aufbereitet werden. Im Prinzip ist es ein ganz normaler Vorgang, dass solche Akten 30 Jahre unter Verschluss bleiben. Daher sind sie heute noch immer nicht vollständig zugänglich. Aber wir haben zu viel Zeit ins Land gehen lassen. Erst 2020 könnten sie ganz geöffnet werden, und ob das ohne Auslassungen oder Schwärzungen geschieht, ist mehr als fraglich. Natürlich müssen berechtigte Schutzinteressen gewahrt bleiben. Aber wir als Gesellschaft haben hier ein besonderes Recht auf eine umfassende Auswertung. Ich fordere daher eine vollständige Sicherung und wissenschaftliche Aufarbeitung der Treuhandakten. Ergebnisoffen und fair.

Um diese so wichtige Aufarbeitung nicht vom tagespolitischen Klein-Klein bestimmen zu lassen, schlage ich die Einrichtung einer bundesdeutschen »Kommission zur Aufarbeitung des Unrechts der frühen Nachwendezeit« vor, die auch durch Aufarbeitungs- und Wahrheitskommissionen auf lokaler Ebene unterstützt werden kann, sobald dies Bürgerinnen und Bürger vor Ort wünschen. Es darf nicht weiter der Eindruck entstehen, dass die Ungereimtheiten der Nachwendezeit vergessen oder verdrängt werden. Ich will das Gegenteil von öffentlicher Ignoranz.

Jede Gesellschaft hat das Recht, die Wahrheit über die zurückliegenden Ereignisse zu erfahren. Nur das kann ein Weg für eine »nationale Versöhnung« ebnen. Das wird auch deshalb möglich, weil solche Wahrheitskommissionen weniger die Schuldfrage stellen, als vielmehr die Wirklichkeit des Umbruchs aufzeigen.

Und es geht bei der Aufarbeitung des Unrechts sowohl um die Versöhnung von Menschen miteinander als auch um die Versöhnung von Menschen mit den Geschehnissen der frühen Nachwendezeit.

Doch welches Unrecht soll aufgearbeitet werden? Denn fast allen Menschen widerfährt in ihrem Leben Unrecht. Welches Unrecht verdient nun aber eine gesellschaftliche Diskussion, und welches muss jeder Mensch in Eigenregie aufarbeiten? Für mich ist klar, dass eine Unrechtskommission zur frühen Nachwendezeit nur jene Aufarbeitung in den Blick nehmen sollte, die auf den konkreten Transformationsprozess im Rahmen des 89/90er-Systemwechsels und Beitritts bezogen ist.

Dabei muss uns allen klar sein: Weil der Fall der Friedlichen Revolution mit dem Ergebnis der Wiedervereinigung zweier unterschiedlicher Systeme historisch seinesgleichen sucht, gab es auch keine Blaupause. Und trotzdem gilt es, das Schiefgelaufene in jenem großen, so schnell erfolgten historischen Umbruch besser verstehbar, benennbar und handhabbar zu machen.

Waren es etwa Führungs- beziehungsweise Management-Fehler? Oder war die Idee der Treuhand grundsätzlich falsch? Oder sahen in einer von Euphorie und täglichem Wandel bestimmten Zeit nicht immer alle so richtig hin, was da gerade geschah? Die Fragen sind schier zahllos. Im Großen und Ganzen muss die Wendezeit als ein politischer Ausnahmezustand in den Blick genommen werden, der neben allen gewünschten Ergebnissen auch unschöne Nebenprodukte schafft: beispielsweise Missbrauch und Korruption aufgrund eines übergangsbedingten Vakuums infolge der Abwesenheit eines starken Rechtsstaats. Dabei sollten wir hier mit einem neuen Optimismus vorangehen, gerade wenn wir darüber sprechen, wie viele Menschen Härten erlebt haben. Und wenn wir diese Härten benennen, kommt es darauf an, auch für politische Lösungen zu kämpfen. Dieser »Optimismus« und die »Lösungen« werden sich aber nicht von allein einstellen. Wahrheits- und Versöhnungskommissionen basieren auf der »Idee, dass die Aufdeckung der ›Wahrheit‹ dazu beitragen könne, eine Gesellschaft zu ›versöhnen‹«[166]. Deshalb brauchen wir eine solche Kommission.

Und sie darf eben nicht so organisiert sein, dass alle Beteiligten in ihren ideologischen Schützengräben liegen. Eine Enquete-Kommission des Deutschen Bundestages würde aber eine solche Polarisierung eher befördern. Eine solche Wahrheitskommission darf nicht politisch aufgeladen werden. Es geht um wissenschaftliche Expertise, aber eben auch um das Bild Tausender von Zeitzeugen, deren Berichte erst ein ganzes Bild ergeben und vielleicht der »Wahrheit« am nächsten kommen. Vielleicht wäre auch das Bundespräsidialamt der richtige Ort für eine solche Aufarbeitung.

Die wissenschaftliche Forschung wiederum sollte die Ergebnisse der Aufarbeitung aufnehmen: Es geht letztlich um die Erstellung einer gemeinsam erarbeiteten Version der Geschichte der Nachwendezeit: Eine solche Version sollte die Analyse der Rahmenbedingungen mit der Aufklärung einzelner Schicksale verbinden: Sie nimmt das Handeln von Regierung, Treuhand, Medien und gesellschaftlichen Interessengruppen in den Blick und könnte zugleich anhand der Rekonstruktion von Einzelfällen darstellen, was damals wie passierte.

Viertens: Es sollte repariert werden, was irgend möglich ist.

Manche Dinge können durchaus noch repariert werden. Dazu muss der politische Mut aufgebracht werden.

Die Altersarmut wird zur zentralen Gerechtigkeitsfrage des nächsten Jahrzehnts. Vor allem der Osten braucht dringend eine Grundrente. Wir müssen die Lebensleistung der ostdeutschen Aufbaugeneration nach 1989 anerkennen: Diese hat sich durch die Nachwendezeit gekämpft, die Industrie soweit möglich wieder aufgebaut und das Land am Laufen gehalten und dabei auf höhere, im Westen übliche Löhne verzichtet. Gerade diese Aufbaugeneration macht sich oft zu Recht Sorgen um ihre Renten. Im Osten verdient 2014 ein Drittel der Beschäftigten weniger als zehn Euro in der Stunde. Und ein Drittel der ostdeutschen Arbeitnehmerinnen und Arbeitnehmer droht damit unter die Armutsgrenze zu rutschen.[167]

Wir müssen einen Umgang mit einer Vielzahl von einschneidenden Verwaltungsakten der Vergangenheit finden, in denen bspw. Rentenleistungen an- oder aberkannt wurden. Und seien sie auch noch so oft von höchstrichterlichen Entscheidungen gestützt, viele dieser Grundsatzentscheidungen gefährden den sozialen Frieden in (Ost-)Deutschland. Nicht allen Wünschen der unterschiedlichen Berufsgruppen, die sich höhere Ansprüche in der DDR erarbeitet haben und sich nun um diese betrogen sehen, wird man dabei gerecht werden können. Aber hier ist das Symbol wichtig, das an die Benachteiligten ausgesendet wird: »Wir haben eure Lage verstanden, wir räumen Fehler ein, Euch ist in vielen Fällen offensichtlich Unrecht geschehen.« Wir brauchen neben einer solchen verbalen Anerkennung auch eine gut durchdachte finanzielle Entschädigung für erlittenes Unrecht. Für diesen Komplex haben wir allerdings wenig Zeit: Die Betroffenen dürfen nicht weiterhin das Gefühl haben, dass man auf ihr Ableben wartet und sich die Dinge von selbst erledigen.

Per Gesetz Lösungen für die Ungerechtigkeiten jeder einzelnen Betroffenengruppe durchzusetzen, hat sich angesichts der bestehenden Interessen- und Mehrheitslagen in der Bundesrepublik in der Vergangenheit als unmöglich erwiesen. Und ich bleibe verhalten optimistisch, ob es dazu in nächster Zeit parlamentarische Mehrheiten gibt. Im Interesse der Betroffenen müssen also Alternativen gefunden werden, die geeignet sind, beispielsweise infolge der Rentenüberleitung verursachte soziale Verwerfungen abzumildern und ein Signal der Anerkennung und des Respekts senden.

Deswegen forderte ich, einen Gerechtigkeitsfonds einzurichten, der geeignet ist, für die Betroffenen zumindest teilweise Genugtuung zu schaffen. Mit einer finanziellen Leistung aus diesem Fonds werden die Lebensleistungen von ehemaligen Reichsbahnern, Bergleuten der Braunkohleveredlung und weiterer Gruppen endlich anerkannt, und das Kapitel könnte langsam abgeschlossen werden.

Ich weiß, dass ein solcher Gerechtigkeitsfonds gewiss nicht allen Fällen gerecht werden kann, aber es wäre ein ganz wichtiges Zeichen. Die konkrete Ausgestaltung muss intensiv diskutiert werden. Natürlich wird das viele Widerstände geben. Zumal Ostdeutschland zwar immerhin so einwohnerstark wie Nordrhein-Westfahlen ist, aber dennoch gesamtdeutsch wenig Durchschlagskraft entwickelt hat.

Die Gefahr, dass eine eher unbefriedigende Lösung herauskommt, ist leider sehr groß. Ich will aber weiter dafür kämpfen und keine Ruhe geben!

Was die Repräsentanz der Ostdeutschen in den Leitungsebenen von Wirtschaft, Politik und Gesellschaft anbetrifft, so ist eine sogenannte »Ost-Quote« nach meinem Verständnis nicht der richtige Weg und heute wohl auch nicht mehr durchsetzbar. Inzwischen stellt sich ja die Frage: Wer ist denn eigentlich ostdeutsch? Sind das auch jene, die nach oder gar vor 1990 »rübergemacht sind«? Gehören zu den Ostdeutschen auch jene Rückkehrer, die längere Zeit im Westen gelebt haben? Oder sind die »besten« Ostdeutschen womöglich die »Wossis«, die aus dem Westen stammen, jetzt aber im Osten leben und die Stimme für Ostdeutschland erheben?

Eine Quote erscheint da eher unnütz. Aber natürlich kann man etwas tun! Eine Initiative kommt beispielsweise von der Landesgruppe der ostdeutschen Bundestagsabgeordneten der SPD, um die Vertretung Ostdeutscher in Spitzenpositionen zu erhöhen. Die SPD-Politiker aus dem Osten verweisen auf Artikel 36, Absatz 1, Satz 1 des Grundgesetzes: »Bei den obersten Bundesbehörden sind Beamte aus allen Ländern in angemessenem Verhältnis zu verwenden.« Die Anwendung des Artikels ist aber offensichtlich nie recht beachtet worden. Wir sollten den Begriff »angemessen« strenger definieren und den Artikel bei Bewerbern in den obersten Bundesbehörden auch wirklich anwenden. Außerdem wollen die Ost-Sozialdemokraten untersuchen, ob Bewerberinnen und Bewerber aus den ostdeutschen Bundesländern generell in den Bundesbehörden seltener berücksichtigt werden. Sollte dies zutreffen und Ursachen dafür im Bewerbungsverfahren oder schon in der Ausschreibungspraxis erkannt werden, »müssten effektive Gegenmaßnahmen eingeleitet werden«. Denkbar wären etwa anonymisierte Bewerbungsverfahren. Zudem sollten mehr Bundesbehörden in Ostdeutschland angesiedelt werden. Das fordert die SPD-Ost schon lange. Auch hier gibt das Grundgesetz (Artikel 36, Absatz 1, Satz 2) Auskunft: »Die bei den übrigen Bundesbehörden beschäftigten Personen sollen in der Regel aus dem Lande genommen werden, in dem sie tätig sind.« So einfach wäre das also, die Zahl an Behörden und an Mitarbeitern zu erhöhen. Die SPD hat zwar im Koalitionsvertrag durchgesetzt, dass mehr Bundesbehörden nach Ostdeutschland kommen – aber dennoch wird das ein harter Kampf. Keiner will gern etwas abgeben.[168]

Wenn die strukturellen Bedingungen geschaffen worden sind, kommt es dann im nächsten Schritt darauf an, dass sich auch Ostdeutsche zahlreich auf Behördenstellen bewerben und überhaupt stärker bereit sind, »in Politik und Verwaltung zu gehen«! Es besteht übrigens eine realistische Chance dafür:

Die Aufbaugeneration geht in Rente – bei Unternehmen, Behörden und Universitären etc. Die jungen Ostdeutschen müssen sich nur trauen und selbstbewusst die Nachfolge antreten.

Fünftens: Wir müssen uns emanzipieren.

Mit einer Aufarbeitung der Nachwendezeit wird es möglich sein, dass wir Ostdeutsche uns neu erfinden, ohne den Ballast der Nachwirkungen aus der schmerzhaften Umbruchzeit. In der Arbeitswelt bestand in den ersten Nachwendejahren ein heftiges Macht-Ungleichgewicht zwischen Arbeitern und Arbeitgebern. Forderungen an den Betrieb zu stellen, bedeutete oft, den eigenen Arbeitsplatz in Gefahr zu bringen. Daher hielten sich alle zurück. Inzwischen kann die Arbeiterschaft wieder selbstbewusster auftreten. Sie muss es auch, will sie ihre Arbeitsplätze in den Filialen der Großkonzerne sichern. Die Arbeiter bei Amazon oder Siemens haben es vorgemacht. Wir brauchen genau jene solidarische Gesellschaft, die alle ihre Mitglieder unterstützt und in der nicht nur jeder nur an sich selbst denkt.

»Integration« bedeutet eben gerade nicht, dass man sich völlig assimilieren sollte. Bleiben wir Ossis! Seien wir stolz darauf! Fordern wir Gleichberechtigung ein! Wir brauchen einen Aufschrei, wenn es Diskriminierungen und das Lächerlichmachen von uns Ostdeutschen gibt. Politische Korrektheit sollte auch in diesem Bereich gelten. Natürlich haben wir in Ostdeutschland ein massives Problem mit Rechtsextremismus. Nicht einmal die sächsischen Ministerpräsidenten können mittlerweile diese Gefahr noch leugnen. Das Problem wurde in Sachsen massiv unter den Teppich gekehrt – ähnlich wie in der DDR, wo es bereits auch eine rechtsextreme Subkultur gab.

Aber wer bekämpft denn diese Rechtsextremen in Ostdeutschland? Ostdeutsche. Mehr als 70 Prozent haben nicht die AfD gewählt – und von den anderen 30 Prozent sind keinesfalls alle Nazis. Mitunter kommt es mir so vor, als wiederholten sich die alten Klischees: Rechte gibt es angeblich nur im Osten, so wie es in der DDR hieß, Nazis gäbe es nur im Westen. Jagoda Marinić beschrieb die Situation in der *Süddeutschen Zeitung* recht treffend: »So wie Antisemitismus schlimmer zu sein scheint, wenn er von Migranten ausgeübt wird, lässt sich rechtes Denken aus dem Osten leichter verurteilen. Auch in diesem Fall werden wir Immigranten gleich behandelt: Wenn wir die Wessis enttäuschen, dann fragen sie sich, was mit unserer Integration falsch gelaufen ist. Wenn man zurückfragt, weshalb die Integration erschwert wurde, zum Beispiel dadurch, dass im Osten wichtige Führungspositionen in allen gesellschaftlichen Bereichen mit Westdeutschen besetzt werden – und insgesamt zu wenig mit Einwanderern und deren Nachfahren, wird abgewinkt: Wie langweilig! Als wären diese keine Frage der Integration.«[169]

Man kann ja die Flüchtlingspolitik seit 2015 in vielen Facetten kritisch sehen. Und es ist völlig unverständlich, warum es immer noch kein Einwanderungsgesetz gibt, das jenseits von persönlich Verfolgten und Kriegsflüchtlingen einen Zuzug in unser Land klar regelt. Aber das ist doch kein Grund, sein Selbstbewusstsein daraus zu ziehen, dass man sich als Teil einer rechten Bewegung fühlt, die gegen noch Schwächere hetzt – angeleitet und mobilisiert von westdeutschen Vordenkern wie Höcke, Gauland, Kubitschek oder von

Storch? Kann es wirklich das Ziel mancher von uns Ostdeutschen sein, auf diesem Weg endlich mal den Stachel im Fleisch der Bundesrepublik zu bilden und Relevanz im politischen Diskurs zu bekommen? Für mich ist das eher der recht jämmerliche Versuch, fehlende Identität, Kränkungen und Unsicherheit hinter einem neuen aggressiven Nationalismus zu verstecken. Das kann nicht der Weg sein, um wirklich neues Selbstbewusstsein zu bekommen. Und ich sehe ja: Für die klare Mehrheit von uns Ostdeutschen ist das auch nicht der Weg!

Emanzipation bedeutet nicht nur die Befreiung aus einem Zustand der Abhängigkeit, sondern auch, sich aus »selbstverschuldeter Unmündigkeit« herauszuführen. Wenn man politische Korrektheit von anderen erwartet, muss man sie auch selbst leben. Ein mündiger Bürger wird man nur dann, wenn man die eigenen Vorurteile ständig hinterfragt und sich dadurch von ihnen frei macht. Ja, das ist anstrengend, aber wir erwarten es auch von unserem Gegenüber. Augenhöhe ist nur zu erreichen, wenn man seinem Gegenüber mit Respekt begegnet, wenn man bereit ist, auch mal seine Perspektive einzunehmen. Nur so kann gegenseitiges Verstehen möglich werden.

Und da ich weiß, dass politische Emanzipation immer mit wirtschaftlicher Stärke einhergeht, fordere ich mehr Visionen für Ostdeutschland. Wir wollen nicht warten, bis endlich ein DAX-Unternehmen seine Konzernzentrale in Leipzig, Erfurt oder Potsdam ansiedelt. Warum nicht in der Oberlausitz einen Entwicklungs- und Start-up-Standort gründen und mit Schnellbahnen an Berlin, Dresden und Breslau anbinden? Wir haben viel Fantasie bewiesen, als wir aus Tagebauen Naherholungsgebiete geschaffen haben. Manche witzeln, dass bei lauter Renaturierung irgendwann doch noch die versprochenen »blühenden Landschaften« kommen. Wir sollten den Aufbau Ost nicht für beendet erklären, sondern weiterhin frei und quer und kreativ denken. Ostdeutschland liegt im Herzen Europas, und wir sind ein wunderbares Tor nach dem Osten und in Richtung Balkan. Dieses Potential darf genutzt werden.

Sechstens: Es muss eine Debatte über notwendige Veränderungen in ganz Deutschland geführt werden.

Zu oft war ostdeutsche Einflussnahme auf die bundesdeutsche Politik auf die Verteilung von Geldern und die Verwaltung von Mangel beschränkt, während gleichzeitig in der Bundespolitik ein »Westblick« dominierte und spezifische ostdeutsche Bedingungen und Bedürfnisse häufig zu wenig mitgedacht wurden, wie es der neue Ostbeauftragte der SPD, Martin Dulig, formulierte. Der Osten muss selbstbewusst eigene Interessen und Sichtweisen einbringen – nicht gegen den Westen, sondern indem er Bündnisse sucht. Es geht nicht mehr allein darum, welche Region wie gefördert wird, sondern es müssen Weichen für die Zukunft der gesamten Republik gestellt werden. Die Herausforderungen sind zahlreich und nehmen gerade in jüngster Zeit ständig zu und treffen Ostdeutschland aufgrund seiner Vergangenheit teils besonders heftig.

Wir müssen den Sozialstaat neu justieren. Warum sollen wir Ostdeutschen nicht diejenigen sein, die sich an die Spitze derer stellen, die den Sozialstaat erneuern? Man mag zur Agenda-Politik stehen, wie man will, aber den Osten traf es doppelt: Hartz IV betraf nicht wie im Westen Einzelne in einem Meer des Wohlstands, sondern wurde als kollektives Schicksal erlebt. Wahrscheinlich jede Familie im Osten kam direkt oder indirekt mit Hartz IV in Verbindung.[170] Man wurde zu Sozialschmarotzern in Regionen erklärt, wo es einfach keine Arbeit gab. »Formeln wie ›fordern und fördern‹, ›mehr Eigenverantwortung‹ wurden als barer Zynismus aufgenommen.«[171] Gleichzeitig hatten die meisten Ostdeutschen wenig von den (oft vergessenen) positiven Seiten der Agenda-Politik. Bis heute wird zu Recht darauf hingewiesen, dass damals der Ausbau der Kitas in ganz Deutschland begann – doch wir im Osten hatten diese schon lange.

Ich bin daher dafür, mit den zentralen Prinzipien von Hartz IV und der Agenda-Politik zu brechen. Bei solchen Überlegungen dürfen wir uns nicht Bange machen lassen von den Lobbyisten und den wirtschaftsliberalen Kommentatoren. Auch bei der Einführung des Mindestlohns haben diese den Untergang des Wirtschaftsstandorts Deutschland prophezeit.

Die Agenda 2010 stammt aus einer Zeit, als wir in Deutschland fünf Millionen Arbeitslose und im Osten eine Arbeitslosigkeit von 20 bis 30 Prozent hatten. Auch aufgrund der Deutschen Einheit standen die Sozialsysteme unter einem enormen Druck. Die Reformen wurden in Politik und Gesellschaft maßgeblich nach neoliberalen Denkmustern vorangetrieben. Heute ist Deutschland nicht nur nahe der Vollbeschäftigung. Es droht im Osten sogar ein massiver Fachkräftemangel. In den kommenden zehn Jahren werden allein in Sachsen 600 000 Menschen in Rente gehen, aber nur

300 000 kommen auf dem Arbeitsmarkt dazu[172] – wenn denn alle in Sachsen bleiben. Wirtschaftlich geht es nicht unerheblichen Teilen Ostdeutschlands so gut wie nie – aber der digitale Kapitalismus und seine Herausforderungen für die Arbeitsgesellschaft werden unser Land massiv verändern. Und nur wenige wissen, wie.

Einige Überlegungen für notwendige Reformen: Erstens muss die Zahl der Beitragsjahre eine deutlichere Berücksichtigung auf die Bezugsdauer von Arbeitslosenunterstützung haben. Die Leute beklagen zu Recht, dass sie jahrzehntelang in die Arbeitslosenversicherung eingezahlt haben, dann aber genauso schnell in Hartz IV fallen wie manche, die nie eingezahlt haben. Das stellt die Leistungsgerechtigkeit in unserem Land infrage. Bislang ist es so, dass man ab 36 Monaten Tätigkeit und Vollendung des 55. Lebensjahrs 18 Monate Anspruch auf Arbeitslosengeld hat und ab 58 Jahren und 48 Monaten Beitragszahlung 24 Monate.

Ich bin aber dafür, dass die erste Versorgungsstufe, das Arbeitslosengeld I, für Qualifizierungen länger gewährt wird. Dies hat Martin Schulz 2017 vorgeschlagen. Das war richtig. Zudem fordere ich aber, dass Arbeitnehmer nach 30 Beitragsjahren nicht mehr in Hartz IV fallen, sondern dann die alte steuerfinanzierte Arbeitslosenhilfe ausgezahlt bekommen. Der Leistungssatz betrug damals ca. 50 bis 60 Prozent des pauschalierten Nettoentgelts – ohne Sanktionen, aber mit einer Deckelung wie beim Elterngeld.

Zweitens müssen wir die Gruppe aus Hartz IV holen, die dort einfach nicht hingehört: die Kinder. Kinder zu haben, darf kein Grund sein, arm zu sein. Daher brauchen wir eine Kindergrundsicherung, also einen elternunabhängigen

Grundbetrag und eine qualitativ gute Infrastruktur aus Bildung und Betreuung, die Kinder vor Armut schützt.

Wir müssen drittens beim Kampf gegen Niedriglöhne endlich spürbar weiterkommen: Denn es wird so bleiben, dass Menschen unterhalb aktuell 12,67 Euro trotz Arbeit in der Grundsicherung zu landen drohen. Wir brauchen einen höheren Mindestlohn! Und wir müssen die Tarifbindung stärken. Wo Leute sich nur schwer organisieren können, und das ist leider in Ostdeutschland der Fall, muss die Politik handeln. Wenn Konzerne wie Amazon Tarifverträge verweigern, muss der Tarifvertrag im Einzelhandel für allgemeinverbindlich erklärt werden. Dadurch würden nicht nur viele »Aufstocker« endlich aus Hartz IV kommen, auch die Nachfrage in Ostdeutschland könnte steigen und das Problem der Altersarmut wirksam angegangen werden.

Schließlich glaube ich, dass wir auch beim Arbeitslosengeld II etwas ändern müssen: Manche Jobcenter verschicken anscheinend mittlerweile Bescheide in Päckchen wegen der hohen Seitenzahl. Es ist absurd, wie viel Aufwand, Ärger und Arbeit für Gerichte wegen einiger weniger Euro oder gar Cent entsteht. Wir sollten über eine weitgehende Vereinfachung der Berechnung der Grundsicherung nachdenken, etwa mehr Pauschalen bei der Berechnung, veränderte Regeln bei Einkommens- und Vermögensanrechnung. Es muss also eine grundlegende Überarbeitung der Sozialgesetzgebung diskutiert werden. Es ist nämlich absurd, dass etwa in den Jobcentern oder den Schulen Sozialarbeiter, Erzieher oder Lehrer allein aus Datenschutzgründen oft nicht zusammenarbeiten können und sich eigentlich in einer rechtlichen Grauzone befinden, wenn es darum geht, jungen Menschen von verschiedenen Seiten her eine abgestimmte Unterstützung anzubieten. Dabei liegt genau hier ein Schlüssel für mehr Chancengleichheit in unserer Gesellschaft!

Und mehr Chancengleichheit brauchen wir dringend! Ich habe oben schon beschrieben, dass wir Ostdeutschen noch nicht richtig erkannt haben, wie ungerecht das heutige Bildungssystem eigentlich ist. Vielleicht ist es aber noch schlimmer: Vielleicht glauben viele – ganz durchtränkt von neoliberalem Denken –: »Ich« oder »meine Kinder« werden es schon schaffen, die anderen sind mir egal. Doch das hilft uns ganz generell überhaupt nicht: Unsere Gesellschaft wird älter. Und wir werden weniger im Osten. Wir brauchen hier also jede und jeden!

Ich kann mich nicht damit abfinden, dass sowohl weite Teile im Osten Deutschlands als auch viele strukturschwache Gegenden im Westen soziale Brennpunkte bleiben. Dass trotz aller Angleichungsgebote das Gefälle innerhalb eines reichen Staates wie Deutschland so groß ist, dürfen wir nicht hinnehmen. Niemand darf wegen seiner Herkunft benachteiligt werden.

Wir brauchen eine neue Politik des sozialen Aufstiegs im Osten: Es ist doch kein Zufall, dass wir im Osten eine doppelt so hohe Schulabbrecherquote haben wie im Westen. Auch das hat mit den Umbrüchen der Nachwendezeit zu tun, denn nicht wenige Eltern verloren den Job und damit den Lebenswillen. Sollen deren Kinder und Enkel dafür heute noch büßen? Das sehe ich nicht ein. Es ist geradezu eine Pflicht, für bessere soziale Aufstiegschancen zu kämpfen.

Wir sollten unseren Kindern an den Schulen wieder die Möglichkeiten geben, länger gemeinsam zu lernen. Längeres gemeinsames Lernen stärkt die sozialen Bindekräfte, verringert Konkurrenz- und Elitedenken und sorgt zudem für allgemein bessere Lernerfolge. So wird Schule sozial gerecht!

Das Bildungs- und Teilhabepaket ist hingegen ein Bürokratiemonster durch die vielen Ausnahmen und Sanktionen, welche die CDU hineinverhandelt hat. Es ist vollkommen untauglich, um Kinderarmut zu verhindern und soziale Teilhabe zu organisieren. Deshalb unterstütze ich die Idee eines Lebenschancen-Kredits. Mit diesem sollen jede Bürgerin und jeder Bürger in Deutschland mit 18 Jahren ein virtuelles Guthaben bekommen, das sie oder er bis zur Rente zur Finanzierung von Weiterbildung, Existenzgründung und Auszeiten nutzen kann. Die Idee dahinter: Wenn ich ein kleines Vermögen habe, so wie etwa die Erben in wohlhabenden Familien, kann ich auch etwas wagen. Ich habe eine gewisse Sicherheit und kann Chancen ausprobieren, und notfalls auch einmal scheitern, ohne dass es existenzbedrohend wird. Und im Osten hätte es nicht nur einen individuellen Effekt: Da fast alle Ostdeutschen aus historischen Gründen kein Vermögen haben, nicht viel erben werden, würden damit Existenzgründung und Selbständigkeit gestärkt. Nur zur Erinnerung: Selbst das nach Einkommen reichste ein Prozent der Bevölkerung in Sachsen zahlt im Durchschnitt noch nicht mal Reichensteuer.[173] Laut Statistik betrug das Erbschaftssteueraufkommen pro Kopf in Hamburg 167,80 Euro, in Sachsen 7,90 Euro im Jahr 2017.[174]

Zudem bereitet ein solches Chancenkonto Deutschland auf die Zukunft vor. Der Chef des Deutschen Instituts für Wirtschaftsforschung Marcel Fratzscher schrieb in der *Zeit*: »Unsere Sozialsysteme wurden für eine Welt geschaffen, in der der Lebensweg des Einzelnen schon früh vorgezeichnet war, beruflich wie privat. In den letzten Jahrzehnten haben sich Gesellschaft und Arbeitswelt jedoch massiv verändert. Niemand, der mit 20 oder 22 Jahren seine Ausbildung abgeschlossen hat, wird den gleichen Beruf mit den gleichen Qualifikationen über sein gesamtes Berufsleben ausüben können. Jeder muss sich der durch Globalisierung und technologischen Wandel schnell ändernden Arbeitswelt ständig anpassen. Lebenslanges Lernen, regelmäßige Qualifizierung und häufige Berufswechsel werden in Zukunft zur Norm werden.«[175] Wenn jemand weiß, was solche massiven Umbrüche bedeuten, dann wir Ostdeutschen. In der Nachwendezeit mussten sich fast alle in einem harten und mühsamen Prozess neu erfinden. Und viele blieben auf der Strecke. Wenn nun die Digitalisierung und Automatisierung kommt, sollten wir Ostdeutschen die Stimme erheben und fordern, dass alle Arbeitnehmer besser auf den Wandel vorbereitet sind. Die Kinder und Enkel, aber auch die Arbeitnehmerinnen und Arbeitnehmer, die in ihren Jobs hart arbeiten.

Schließlich sollten wir überlegen, die Idee des Regierenden Bürgermeisters von Berlin Michael Müller (SPD), ein »solidarisches Grundeinkommen«[176] zu einem »Recht auf Arbeit« weiterzuentwickeln. Und damit wäre auch verankert, dass, wer arbeitet, mehr haben soll als die Grundsicherung. Das »solidarische Grundeinkommen« ist jedoch nicht mit dem »bedingungslosen Grundeinkommen« zu verwechseln. Letzteres »wird ohne jede Bedingung gewährt, es steht jedem zu, und seine Höhe ist für alle gleich. Müllers Grundeinkommen dagegen soll ausschließlich erwerbslosen Beziehern des Arbeitslosengeldes II angeboten werden.« Michael Müllers

Idee beinhaltet, »dass Empfänger staatlicher Hilfen im Gegenzug dafür zu arbeiten haben«. Wie der DIW-Forscher Jürgen Schupp hervorhebt, »sei gerade das der Clou in Müllers Modell: dass es sich um ein absolut freiwilliges Angebot handle. Wer möge, könne solch einen Job annehmen, wer es nicht wolle, würde Hartz IV erhalten«.[177] Der Staat soll also sinnstiftende, tariflich bezahlte Arbeit für Menschen zur Verfügung stellen, die sonst keine Chance haben.

Schließlich müssen wir dafür sorgen, dass der Staat zurückkommt – denn der war weg, als es immer nur hieß: »Privat vor Staat«. Lebenswerte Heimat bedeutet, die Gesellschaft aus dem Würgegriff der Austerität zu befreien. Geld kann nicht nur in Schuldentilgung fließen, es muss zuallererst in Bildung, Infrastruktur und innere Sicherheit investiert werden. »Ohne öffentliche Daseinsfürsorge funktioniert es nicht. Wenn es im Erzgebirge weder Busse noch Bahnen gibt, oder wenn Berlin im Müll versinkt, dann ist ein gutes Leben dort nur schwer möglich. Wenn junge Eltern zittern müssen, um einen Kitaplatz zu ergattern, wenn Frauen, Schwule oder Flüchtlinge sich nicht ohne Angst bewegen können, ist die Gesellschaft nicht gut.«[178] Es war ein Fehler, den Staat so zurückzubauen! Wir müssen uns den Staat wieder zurückholen. Und zwar zum Wohle der vielen. Nicht nur dort, wo es sich laut Kapitalrendite lohnt.

Wenn wir soziale und innere Sicherheit besser finanzieren und die drohende Altersarmut aufhalten wollen, ist das nicht aus der Portokasse oder allein aus den Rentenversicherungen zu bezahlen. Wir müssen uns ehrlich machen. Entweder wir erhöhen die Steuern für die Reichen und Kapitalbesitzer, oder es wird keine zufriedenstellende Lösung geben. Eine solche

Steuer auf Erbschaften und Vermögen muss als Bundessteuer und nicht als Landessteuer ausgestaltet werden, denn sonst profitieren die armen und somit besonders bedürftigen Regionen unseres Landes nicht davon.

Demokratie verteidigen!

Ich finde, unsere Demokratie ist eine Erfolgsgeschichte. Und trotzdem beobachten wir starke Tendenzen der Entfremdung zwischen Bürgerinnen und Bürgern und unserem demokratischen Rechtsstaat, welche die Demokratie aushöhlen.

Aus ostdeutscher Perspektive bin ich mir sicher, dass die Aufarbeitung der Nachwendezeit ein großer Schritt sein könnte, die Demokratie zu stärken. Allein der Beteiligungsprozess, die Gespräche, das Miteinander. Zurückblicken ist zutiefst partizipatorisch und bringt Politik, Verwaltung und Bürger zusammen. Alle Studien zu Einstellungen weisen darauf hin, dass man im Osten bedeutend unzufriedener mit der Demokratie ist als im Westen – und dies bis heute. Spannend ist, was eine Studie der Friedrich-Ebert-Stiftung herausgefunden hat: Nicht einfach »in Ostdeutschland« sind die Leute mit der Demokratie unzufriedener. Sondern insgesamt sind es Menschen *aus dem Osten*, die skeptischer sind, also auch die Mehrheit der Ostdeutschen, die heute im Westen wohnen. Gleichzeitig ist die Mehrheit der Menschen, die im Westen geboren sind, aber in Ostdeutschland wohnen, besonders zufrieden mit der Demokratie. Doch die Studie besagt eben auch, dass die Unterschiede bei der negativen Bewertung von Politik oder die höhere Ablehnung von Weltoffenheit davon geprägt ist, dass viel mehr Menschen in Ostdeutschland aus politikverdrossenen Milieus und schwierigen wirtschaftlichen Verhältnissen kommen als im Westen. Nicht der Ostdeutsche an sich ist also demokratieverdrossen, sondern es sind Menschen, die sich ungerecht behandelt fühlen.[179] Und auch die Tatsache, dass unter uns Ostdeutschen »Vielfalt« mehr abgelehnt wird als bei Westdeutschen, hängt nicht per se am »Ossi«, sondern Studien zeigen immer wieder, dass Fremdenfeindlichkeit dort besonders stark ist, wo es besonders wenig Fremde oder Kontakte mit Ausländern gibt.

Wir Ostdeutschen haben die Diktatur in einer Friedlichen Revolution niedergerungen. Wir konnten uns aber nicht die Demokratie erkämpfen, wie dies die Westdeutschen spätestens mit der 68er-Bewegung massiv taten. Im Gegenteil wurde nach meiner Einschätzung das zarte Pflänzchen demokratischer Beteiligung nach 1990 recht heftig am Wachsen gehindert. Viele hatten die Runden Tische am Ende der DDR als eine basisdemokratische Sternstunde erlebt. Überall wurde über Politik und Demokratie geredet. Doch diese neu entstandene, junge, natürlich auch teilweise unerfahrene Bürgergesellschaft wurde nach 1990 nicht nur ignoriert. Sie wurde von den westdeutschen Politikprofis und der westdeutsch dominierten Realpolitik übergangen und zur Seite geschoben.

Gleichwohl gilt es, wehrhaft zu sein: Freiheit und Demokratie sind nicht prinzipiell von Dauer. Sie müssen verteidigt, entwickelt und auch immer wieder neu gelernt sowie belebt werden. Wir brauchen mehr politische Bildung. Diese wurde übrigens in Westdeutschland eingeführt, weil natürlich nach 1945 in Deutschland nicht nur Demokraten lebten, sondern schlicht viele ehemalige Nazis und junge Leute, die durch die

Propaganda und »Volksbürgerkunde« der Nazis verführt und indoktriniert worden waren. Man musste die Leute fit machen für die Demokratie – ein langer Prozess. Heute fallen manche im Osten wie im Westen auf Rechtspopulisten herein, welche den Holocaust »als Vogelschiss« in der deutschen Geschichte bezeichnen und die Ausweitung von politischer, demokratischer Bildung als »Staatsbürgerkunde« diffamieren, aber gleichzeitig eine Art »Heimatkunde« einführen wollen!

Wir müssen uns wehrhaft zeigen gegen die Lobbyisten von rechts. Sonst kommt etwas ins Rutschen. Der Dresdner Schriftsteller Erich Kästner sagte einmal: »Man darf nicht warten, bis aus dem Schneeball eine Lawine geworden ist. Man muß den rollenden Schneeball zertreten. Die Lawine hält keiner mehr auf. Sie ruht erst, wenn sie alles unter sich begraben hat.«[180]

Umso wichtiger sind solche Ostdeutschen wie der Schauspieler Charly Hübner. Dieser hat die Erfahrungen der Spaltung zwischen links und rechts in seiner Jugend nach 1990 hautnah miterlebt. Auf die Frage, warum er damals aus seinem Heimatort weggezogen sei, antwortete er, weil er die dauernden Nazi-Attacken satt hatte: »Ich hatte keinen Bock mehr auf dieses permanente Angegriffen-Werden. Mein Auto wurde kaputtgemacht. Ich wurde überfallen. Schulfeste wurden gesprengt. Man wurde mit Reizgas zugesprüht.«[181] Ja, gerade viele junge Ostdeutsche, die während der Wende und danach sozialisiert wurden, haben die Gefahr von faschistischer Gewalt in ihrem Alltag erlebt.

Nicht minder schlägt die Stunde der Bürgerrechtler, sich immer weiter für ihre Demokratie einzusetzen. Frank Richter, Bürgerrechtler der ersten Stunde und ehemaliger Leiter der sächsischen Landeszentrale für Politische Bildung, ist hier ein gutes sächsisches Beispiel. Er hat ein spannendes Buch geschrieben und kandidiert nun für den Posten des Oberbürgermeisters der Stadt Meißen. Nachdem er 1989 dem ersten Runden Tisch in Dresden angehörte, will er sich fast 30 Jahre später weiter aktiv für diese Demokratie einsetzen.

Und ich sage allen aus Ostdeutschland stammenden jungen Leuten, die im Westen oder den ostdeutschen Großstädten oder Berlin wohnen: Fahrt heim und redet mit euren Eltern und Großeltern! Sprecht über die Nachwendezeit und über die selbst erlebten oder gesehenen Demütigungen, Kränkungen und Ungerechtigkeiten!

Ja, viele sind im Osten aus unterschiedlichsten, in dem Buch beschriebenen Gründen mit der Demokratie unzufrieden. Deshalb lasst uns die Nachwendezeit aufarbeiten, um zu sehen, was falsch gelaufen ist und wie wir es für die Zukunft besser machen können.

Zum Schluss

Wie oft höre ich: »Nun, Frau Köpping, Sie fahren viel herum und reden viel mit den Leuten. Aber was haben Sie denn bisher erreicht?« Von heute auf morgen lässt sich keine komplexe Gesellschaft umgestalten. Hier muss man sich auf langen Atem einstellen. Doch Veränderung beginnt oft damit, dass man zunächst mal klar benennt, wo die Probleme liegen, Ängste abbaut, um dann offen über Probleme und mögliche Lösungen zu sprechen. Ich halte es immer für wichtig, ergebnisoffen und ohne politische Scheuklappen in die Diskussionen zu gehen, um gute Ideen aufzunehmen. Keiner kann grundlegende Veränderungen allein auf den Weg bringen. Und niemand hat den Masterplan dazu in der Schublade. Die Modernisierung und gerechte Ausgestaltung unserer Gesellschaft ist eine stetige Aufgabe in allen Staaten dieser Welt. Hier in Deutschland muss jedoch zuvor die Mauer in den Köpfen gemeinschaftlich abgebaut werden. Wenn wir uns annähern, vorbehaltlos aufeinander zugehen, haben wir auch eine Chance, in Frieden und Solidarität Deutschland zu reformieren. Um nicht mehr und nicht weniger geht es.

Anhang

Petra Köpping
Rede zum Politischen Reformationstag
der SPD 2016

Leipzig, 31. Oktober 2016

Liebe Demokratinnen und Demokraten, liebe Genossinnen und Genossen!

Warum sind das Misstrauen in und die Distanz zu Demokratie und Politik in Sachsen und Ostdeutschland so groß? Woher kommt all die Wut? Weshalb sind Rechtspopulisten hier stärker als im Westen?

Diese Fragen stellen sich derzeit viele Menschen in unserem Land. Und diese Fragen sind berechtigt!

Ich glaube allerdings, dass wir keine vollständigen Antworten auf diese Fragen finden werden, wenn wir uns nicht gleichzeitig ehrlich und offen mit der Nachwendezeit beschäftigen. Und damit will ich keine *historische* Debatte anschieben, sondern eine grundsätzliche und aktuelle Frage, die offensichtlich immer noch eine ganze Generation prägt.

Viele wiederholen immer wieder die Floskel von den »Wendeverlierern«. Doch keiner sagt, was das eigentlich bedeutet.

Manche sprechen mit einem fast schon schmunzelnden

Blick von »Pechvögeln«. Und machten sie damit zu Fußnoten der Geschichte.

Eine öffentliche Auseinandersetzung mit der Nachwendezeit, mit den vielfachen Schicksalsumbrüchen und Hoffnungen fand in den letzten Jahren hingegen kaum mehr statt. Tat man es dennoch, war man sofort »Jammer-Ossi« oder DDR-Nostalgiker.

Das machte die Leute erst recht wütend, oder es machte sie stumm. »Die in Westdeutschland gebliebenen Westdeutschen wiederum haben »keinen Schimmer« von den Umbruchzeiten der Schluss-Dekade des vorigen Jahrhunderts«, wie Markus Decker in der *Berliner Zeitung* erst dieses Jahr richtigerweise kommentierte. In Sachsen war es noch schlimmer. Weil von Staats wegen immer alles »Spitze« und »toll« geredet wurde, entwickelte sich die »Nachwende-Zeit« noch stärker zum Tabuthema. In Brandenburg war das anders. Hier nahm Regine Hildebrandt kein Blatt vor den Mund.

Wenn ich durch Sachsen fahre, über Flüchtlings- und Integrationspolitik rede und mit vielerlei Kritik konfrontiert werde, dann stelle ich meinem Gegenüber immer eine Gegenfrage: »Wer *sind* Sie denn eigentlich?«

Dann wird schnell nicht mehr über Flüchtlinge geredet, sondern über die eigene Lebensgeschichte. Denn bei diesen Menschen, die reden wollen, zeigt sich schnell, dass ihnen in der Vergangenheit nicht zugehört wurde.

Niemand hat konkrete Probleme wirklich ernst genommen.

Niemand hat die Lebensgeschichten gewürdigt.

Niemand hat zugehört.

Das ist bei vielen Menschen eine Kränkung, die bis heute wirkt.

Was wäre denn heute noch einmal neu zu betrachten und zu bewerten, um die Menschen besser zu verstehen? Um die Wende und ihre Brüche und Umbrüche nicht nur wirtschaftlich, ökologisch und politisch zu beschreiben, sondern auch die gesellschaftliche, die soziologische, ja die individuelle Dimension zu verstehen?

Die Stichpunkte geben uns die Menschen selbst. Meine Bürgersprechstunden beinhalten zum Großteil dieses Thema. Und die Geschichten ähneln sich:

Durch die Politik der Treuhand und den als arrogant empfundenen Abbau der desolaten DDR-Industrie entstand eine entwurzelte Arbeiterschaft, der keine Gelegenheit gegeben wurde, Trauerarbeit zu leisten. Ganze Biografien wurden entwertet. So manche »blühende Landschaft« wurde für die damaligen »Werktätigen« zur Ödnis der Arbeitslosigkeit.

Ich erinnere mich noch genau: Ich war damals Bürgermeisterin und »Ehrenbergfrau«, als ich der »feierlichen Sprengung« der Bergbaugeräte am Störmthaler See »beiwohnen« durfte. Ich sah die Bergleute neben mir, die teils seit Jahrzehnten dort gearbeitet hatten und jede Schraube kannten. Denen standen die Tränen in den Augen. Nicht vor Freude. Das waren Tränen der Trauer und der Perspektivlosigkeit. Ich weiß, viele haben das nie verarbeitet. Viele sind immer arbeitslos geblieben. Sie waren einstmals Helden und nun nannte man sie Umweltzerstörer. Es geht hier nicht um die Position für oder wider Braunkohle: Es geht darum, zu verstehen, wie diese Menschen den Start in die Marktwirtschaft erlebt haben: als knallharten Abbau ihres bisherigen Lebens. Anders als im westdeutschen Bergbau wurde nicht mit Bedacht etwas Neues aufgebaut, sondern in einer Art Turbokapitalismus der Nachwendezeit alles einfach abgeräumt. Es wurde keine Trauerarbeit geleistet, und die Menschen wurden selten mit in die Zukunft genommen.

Dieses Schicksal des Arbeitsplatzverlustes hat vor allem die kleinen Leute getroffen, die es ja meistens in Krisensituationen trifft. Die etwa aufgrund ihres Bildungsabschlusses wenige Chancen hatten und nach 1990, wenn überhaupt, oftmals für Niedriglöhne arbeiteten.

Es wurden aber genauso gestandene Diplomingenieure und Fachkräfte um ihre Lebensbiografie gebracht. Weil Berufszweige und -chancen völlig wegbrachen, mussten sich viele Ingenieure in anderen Bereichen, oft unter ihrer Qualifikation, durchkämpfen. Für viele war das vielleicht sogar ein toller Schritt in ein neues Leben. Bei vielen anderen überwog aber das Gefühl, »unter Wert« behandelt worden zu sein, obwohl man teils kluge Antworten auf Fragen der Zeit hatte. Aber keiner hörte ihnen zu. Sie hatten das Gefühl, lästig zu sein. Wir haben deren Wissen, deren Engagement nicht ernsthaft genutzt. Das alles führte zu großen Kränkungen. Wie oft haben wir auf Veranstaltungen und Diskussionen Menschen gehört, die sich vorstellten als »von Haus aus Diplom-Ingenieur«.

Wie oft wurden diese belächelt?

Wie oft einfach ignoriert?

Ich treffe auf viele Selbständige und Unternehmer, die sich aus dem Nichts einen (bescheidenen) Wohlstand seit 1990 aufgebaut haben. Ich kann nachvollziehen, warum viele Selbständige heute oft Angst um ihr Erspartes haben. Sie hatten kein Erbe wie manche im Westen. Sie gingen das volle Risiko ein. Damit hatten die meisten Ostdeutschen große Probleme, an Kredite zu kommen, während so manch westdeutscher Glücksritter jede Förderung bekam. Ich erinnere mich, wir hatten damals in Colditz ein Konzept für eine Emaille-Fabrik: Wir haben keine Kredite bekommen. Wir sind an der Finanzierung gescheitert, nicht am Konzept oder am Kaufpreis. Die Treuhand hat das dann an einen westdeutschen Unternehmer verkauft: für eine Mark.

Viele brauchten damals westdeutsche Partner, um überhaupt an Kredite zu kommen. Es gibt unzählige Beispiele, wie damals Menschen über den Tisch gezogen wurden, weil sie – oftmals zutiefst blauäugig – die neuen Regeln nicht überblicken konnten. Das bedeutete, lange Jahre mit vielen Schulden zu leben.

Das Gefühl teilen sie mit vielen Ostdeutschen, die zum Beispiel mit überteuerten, schrottreifen Gebrauchtwagen und unnützen Versicherungen über den Tisch gezogen wurden. Oder von Antikmöbelhändlern, die das Unwissen der Leute ausnutzten und hängerweise Mobiliar aus den ostdeutschen Städten und Dörfern wegkarrten. Das hinterließ ein Gefühl der Demütigung.

Und während man sich selbst beim Verlieren zusah, schienen andere zu gewinnen. Aber wer gewann denn? Führungspositionen wurden auf einmal mit »Wessis« besetzt. Natürlich musste man die alten SED-Eliten ablösen, keine Frage. Ich betone ausdrücklich, es geht nicht um eine Abwertung der Arbeit der vielen Westdeutschen. Wer das tut, ist nicht nur ungerecht, sondern auch selbstgerecht. Als hätte man es selbst alles besser gemacht.

Nein, es geht darum, dass es ein Stachel der Demütigung im Fleisch vieler Ostdeutscher ist.

Viele Leute fragten sich damals: Und das soll Demokratie sein? Dieses Gefühl wirtschaftlicher Unsicherheit hat das Vertrauen in die Demokratie nachhaltig beschädigt. Diese Reaktion war vielleicht verständlich, aber eigentlich falsch. Denn es war nicht die Demokratie, die das möglich machte. Es war zum einen ein schwacher, sich gerade neu aufbauender Staat, der sich nicht um die Bürger kümmerte und die Auswüchse des Umbruchs bekämpfte. Und der gerade in Sachsen gnadenlos zusammengekürzt wurde.

Zum anderen wurde gerade Sachsen mit Kurt Biedenkopf an der Spitze zum Versuchsfeld neoliberaler Politik, die damals im Westen auf heftigsten Widerstand gestoßen ist. Die Ostdeutschen waren auf diesen Kapitalismus null vorbereitet.

So sei er halt, »der Westen«, dachten viele.

Konservative Hardliner aus Bayern und Baden-Württemberg frohlockten hingegen, endlich ohne Gewerkschaften, gesellschaftliche Beteiligung und »Sozial-Klimbim« ihre national-liberale Agenda durchzusetzen – und diese Politik bekam lange Jahre auch satte demokratische Mehrheiten.

Die westdeutschen Konservativen haben damals noch in Bonn ernsthaft darüber nachgedacht, das Kita-System abzuschaffen. Welche Auswirkungen das auf die heutige Zeit gehabt hätte, will ich mir als Gleichstellungsministerin gar nicht vorstellen!

Denn diesbezüglich habe ich eines am eigenen Leib miterlebt: Viele Frauen erlebten die Nachwendezeit als krassen Bruch. Ostdeutsche Frauen in Führungspositionen wurden faktisch degradiert und ihnen westdeutsche Männer vor die Nase gesetzt. In der Nachwendezeit waren über 61,2 Prozent der Arbeitslosen Frauen. Während ältere Frauen wenigstens manchmal von Vorruhestandsregelungen profitierten, waren junge Frauen überproportional arbeitslos – die sind heute um die 50 Jahre alt.

Viele Frauen mussten nun »daheim bleiben«, Arbeit unter ihrer Qualifikation oder in Teilzeit annehmen, weil sie keine adäquate Arbeit fanden. Und das, obwohl wir Frauen (und Männer) im Osten viel emanzipierter waren als im Westen und es bis heute sind. Auch deshalb empfinde ich die AfD wegen ihres antiquierten, westdeutschen Familienbildes aus den 50er Jahren immer zutiefst un-ostdeutsch.

Es gab damals Skandal-Berichte über Frauen, die sich sterilisieren ließen aus Angst, ihren Job zu verlieren. Auch diese Wendeerfahrungen und Folgen sind bis heute weitestgehend tabuisiert.

Und ja, nach meiner Einschätzung wurde auch das zarte Pflänzchen demokratischer Beteiligung nach 1990 in Sachsen bewusst und unbewusst am Wachsen gehindert. Viele hatten die »Runden Tische« am Ende der DDR als eine basisdemokratische Sternstunde erlebt. Überall wurde über Politik und Demokratie geredet. Doch diese neu entstandene Bürgergesellschaft wurde nach 1990 ignoriert. In der gemeinsamen Verfassungskommission von Bundestag und Bundesrat wurde 1992 von CDU und FDP die Einführung einer Volksgesetzgebung verhindert. Auch diese Ignoranz gegenüber der demokratischen Bewegung von 1990 für Demokratie und Freiheit hat viele Oppositionelle gekränkt.

Viele dieser Gefühle von Kränkung, Demütigung und Wut bestehen übrigens unabhängig davon, ob man nach 1990 erfolgreich war oder ein sogenannter »Wendeverlierer«, wie das immer leicht abschätzig genannt wird. Es ist unabhängig davon, ob man heute wirtschaftlich, mit dem Einkommen oder der persönlichen Lebenssituation glücklich ist. Denn es haben sich eben viele durchgekämpft. Viele haben damals die neuen Chancen genutzt. Manche haben sich endlich ihren Wunschtraum erfüllt, beruflich wie privat. Manche waren froh, der desolaten Planwirtschaft zu entkommen und eine Selbständigkeit aufzubauen. Wir können stolz sein auf das Erreichte. Aber lasst uns gleichzeitig auch das festhalten, was alles nicht in Ordnung ist.

Ich möchte nicht wissen, wie viele aus Gram schwer krank geworden sind. Wir alle wissen, dass sich manche gar umgebracht haben. Und ich rede nicht von Parteibonzen. Und ich weiß leider auch, dass viele aufgrund der Kränkungen böse, wütend und auch oft ungerecht gegenüber anderen geworden sind und Pöbeleien und Hass freien Lauf lassen.

Dazu kommt das neue, das heutige Misstrauen. Dieses ist mittlerweile so groß, dass man leicht denen auf den Leim geht, die weiter Misstrauen schüren. Die behaupten, es gäbe einfach Lösungen. Sie arbeiten mit Angst, Lügen und Halbwahrheiten. Wie damals manche Betrüger, um unnütze Versicherungen oder Gebrauchtwagen zu verkaufen. Sie hetzen gegen eine soziale und liberale Demokratie, indem sie an ostdeutsche Gefühle appellieren. Wer das zulässt, lässt sich erneut manipulieren.

Ich erinnere mich übrigens noch genau an die nationalistische Bewegung, die etwa ab Dezember 1989 begann. Diese Bewegung nutzte damals Helmut Kohl, eine deutsche Einheit zu Lasten der kleinen Leute durchzuziehen. Die Ostdeutschen sollten sich heute von einem nationalistischen Dunst nicht ein zweites Mal besoffen machen lassen.

Die Flüchtlinge können nichts dafür, dass die Nachwendezeit so lief, wie sie lief. Natürlich ist es für den Einzelnen ungerecht, wenn man sein Leben lang zu Niedriglöhnen gearbeitet hat, und dann genauso in der Grundsicherung landet wie Arbeitslose oder Flüchtlinge, die nie eingezahlt haben. Aber auch dafür können Flüchtlinge nichts. Mir geht es um die kleinen Leute, egal ob ich über die Nachwendezeit oder die Flüchtlingspolitik rede.

Wer versucht, Menschen gegeneinander auszuspielen, ist bei mir fehl am Platze.

Wer mit Rassismus und Fremdenhass agiert, hat mich als Gegner.

Natürlich kann man fragen: Bringt das was, wieder in die Vergangenheit zu schauen? Ja, sage ich.

Es geht um Ehrlichkeit.

Um Anerkennung.

Um Aufarbeitung.

Die Gefühle und Erlebnisse der Nachwendezeit hängen vielen wie ein Klotz am Bein. Und sie werden an die Kinder und Kindeskinder weitergegeben, obwohl viele weder die DDR noch die direkte Nachwendezeit bewusst wahrgenommen haben.

Ich habe gelernt: Verdrängung hilft nie. Denn sie funktioniert gar nicht.

Wir müssen was tun: Das Nachwende-Thema muss auf die Tagesordnung. In der Erwachsenenbildung und in den Schulen. Wir brauchen Kultur-Projekte, die sich des Themas annehmen. Die Medien haben die Aufgabe, diese Zeit stärker zu beleuchten. Wer »Wem gehört der Osten?« und »Wer beherrscht den Osten?« des Mitteldeutschen Rundfunks gesehen hat, weiß, wovon ich spreche. Wir brauchen eine solche Aufarbeitung.

Natürlich nicht schwarz-weiß. Der Blick in andere osteuropäische Staaten zeigt, dass dort ohne ein helfendes Westdeutschland die Umbrüche noch viel dramatischer gewesen waren. Die Aufarbeitung darf sich nicht »gegen den Westen« richten.

Auch einige Ostdeutsche waren raffgierig, hatten DM-Zeichen in den Augen, wollten zu viel und wurden dann reingelegt. Viele beuteten nach 1990, oft als Subunternehmer westdeutscher Betrüger, ihre eigenen Freunde oder ihre eigenen Familien aus. Was für Tragödien sind damals abgelaufen!

Es gab Stasi-Seilschaften, die sich ihren Teil des Kuchens gesichert haben. In sehr vielen Fällen waren es auch einfach Zufall, Glück und Pech, die darüber entschieden, wie es einem nach der Wende erging. Ob man zu den Gewinnern oder Verlierern zählte. Ob man in der damaligen Zeit die Kraft, die Chuzpe und Ideen hatte oder eben nicht.

Die Nachwende-Zeit muss also endlich auf den Tisch! Wir müssen darüber sprechen! Wir brauchen eine gesellschaftliche Debatte darüber, und zwar eine gesamtdeutsche.

Sie sollte kritisch, aber nicht nachtragend sein.

Sie sollte ehrlich, aber nicht vorwurfsvoll sein.

Und vor allem sollte sie nicht nur die Entwicklung »des Staates«, des »Arbeitsmarktes« oder »der Wirtschaft« betrachten, sondern die Perspektive »der Menschen«. Der damaligen Gesellschaft. Und damit der Grundlage für eine aktive und lebendige Demokratie in Sachsen.

Das ganze Thema muss sehr differenziert diskutiert werden, denn ohne Frage ist vieles nicht nur gut gelaufen, sondern manches war eben auch Folge des großen, schnell erfolgenden historischen Umbruchs.

Und ich wiederhole mich und die vielfachen Aussagen der Menschen, mit denen ich ins Gespräch gekommen bin, noch einmal: Beide Punkte – die allgemeine Verbesserung der Lebenslage im Osten *und* die Heftigkeit des Umbruchs –, beide Punkte sind den Menschen bewusst, doch sie können das Gefühl der Ungerechtigkeit trotzdem nicht kleiner machen.

Lasst uns diesen Menschen die Möglichkeit geben,

die ehemaligen Orte ihrer Arbeit und ihres Lebens durch Erzählungen lebendig zu machen;

die Verletzungen und Demütigungen dieser Zeit festzuhalten und davon zu berichten.

Und lasst uns dabei den Menschen zuallererst e i n f a c h n u r zuhören!

Wir wollen damit keinen Gegenentwurf zur durchaus erfolgreichen Entwicklung unseres Freistaates erstellen, sondern wir wollen das Bild dieser Entwicklung vervollständigen! Es geht mir um beide Seiten der Medaille!

Anmerkungen

1 Markus Decker: Einsichten eines Wessis. Fremdheitsgefühle, Feindseligkeiten und andere Wahrnehmungen, in: Berliner Zeitung vom 2.10.2016.
2 Siehe dazu ihre beiden Buchpublikationen: Dritte Generation Ost. Wer wir sind, was wir wollen, Berlin 2012, und Wie war das für euch? Die Dritte Generation Ost im Gespräch mit ihren Eltern, Berlin 2016.
3 E-Mail, Dienstag, 25. April 2017.
4 Zur Geschichte der Treuhand selbst die fabelhafte Abhandlung von Marcus Böick: Die Treuhand. Idee – Praxis – Erfahrung 1990–1994, Göttingen 2018.
5 Constantin Goschler/Marcus Böick: Wahrnehmung und Bewertung der Arbeit der Treuhandanstalt (Studie im Auftrag des Bundesministeriums für Wirtschaft und Energie), Bochum 2017, S. 111, siehe: http://www.bmwi.de/Redaktion/DE/Publikationen/Studien/wahrnehmung-bewertung-der-arbeit-der-treuhandanstalt-lang.pdf?__blob=publicationFile&v=22 (alle Internetaufrufe erfolgten im Juni 2018).
6 Eine Treuhand für Griechenland, in: Süddeutsche Zeitung vom 23.5.2011.
7 Vgl. Constantin Goschler/Marcus Böick, Wahrnehmung und Bewertung der Arbeit der Treuhandanstalt (Studie im Auftrag des Bundesministeriums für Wirtschaft und Energie), Bochum 2017, S. 115, siehe: http://www.bmwi.de/Redaktion/DE/Publikationen/Studien/wahrnehmung-bewertung-der-arbeit-der-treuhandanstalt-lang.pdf?__blob=publicationFile&v=22
8 Ebenda, siehe auch: http://www.bmwi.de/Redaktion/DE/Publikationen/Studien/wahrnehmung-bewertung-der-arbeit-der-treuhandanstalt-lang.pdf?__blob=publicationFile&v=22
9 Marcus Böick: Die Treuhand, S. 192f.
10 Ebenda, S. 726.
11 Annette Jensen: Was vom Kombinat übrig blieb, in: taz vom 2.10.2015.

12 Constantin Goschler / Marcus Böick: Wahrnehmung und Bewertung der Arbeit der Treuhandanstalt, S. 115.
13 Jörg Roesler: Die Treuhandpolitik, in: Hannes Bahrmann / Christoph Links (Hg.): Am Ziel vorbei. Die deutsche Einheit – eine Zwischenbilanz, Berlin 2005, S. 104.
14 Martin Machowecz: Hinterm Berg, in: Die Zeit vom 27.3.2014.
15 Alle Zitate (auch von 1990) aus: Hans-Werner Sinn: Im Nachhinein ein Riesenfehler. Gründung der Treuhandanstalt vor 25 Jahren, Interview mit Deutschlandradio-Kultur am 28.2.2015, http://www.deutschlandfunkkultur.de/gruendung-der-treuhandanstalt-vor-25-jahren-im-nachhinein.1008.de.html?dram:article_id=312893
16 Jörg Roesler: Die Treuhandpolitik, in: Hannes Bahrmann / Christoph Links (Hg.): Am Ziel vorbei, S. 101.
17 Philipp Ther: Die neue Ordnung auf dem alten Kontinent. Eine Geschichte des neoliberalen Europa, Berlin 2014, S. 105.
18 Katja Thimm / Johann Grolle: Angst vor dem Geruch von Blut, in: Der Spiegel vom 8.5.2006.
19 Interview mit Marcus Böick: Man kann den Osten nicht mehr mit der DDR erklären, in: Süddeutsche Zeitung vom 25.6.2018.
20 Jörg Roesler: Die Treuhandpolitik, in: Hannes Bahrmann / Christoph Links (Hg.): Am Ziel vorbei, S. 101f.
21 Vgl. Hanna Voss: Traumatisierungsanstalt Treuhand, in: taz vom 30.11.2017.
22 Jana Hensel: Aus Wut folgt Wut folgt Wut, in: Die Zeit vom 26.8.2017.
23 Constantin Goschler: Ruinöser Ausverkauf oder alternativloser Umbau?, in: FAZ vom 24.1.2017.
24 Bundesanstalt für vereinigungsbedingte Sonderaufgaben.
25 Pressemitteilung des Bundesarchivs vom 29.11.2017, http://www.bundesarchiv.de/DE/Content/Pressemitteilungen/treuhand-projekt.html
26 Constantin Goschler: Ruinöser Ausverkauf oder alternativloser Umbau?, in: FAZ vom 24.1.2017.
27 Constantin Goschler / Marcus Böick: Wahrnehmung und Bewertung der Arbeit der Treuhandanstalt, S. 14.

28 Marcus Böick: Die Treuhand, S. 724.
29 Ebenda, S. 726.
30 Ebenda, S. 727.
31 Rainer Land / Andreas Willisch: Ostdeutschland – Umbruchszenario, in: Hannes Bahrmann / Christoph Links (Hg.): Am Ziel vorbei, S. 21.
32 Interview mit Hans-Werner Sinn: Im Nachhinein ein Riesenfehler, in: Deutschlandradio Kultur, 28. 2. 2015.
33 Peter Thelen: Ostdeutsche Renten sind jetzt schon höher als im Westen, in: Handelsblatt vom 24. 1. 2017.
34 Jeder Fünfte verdient weniger als zehn Euro pro Stunde, in: Süddeutsche Zeitung vom 11. 12. 2016.
35 Susanna Kochskämper / Judith Niehues: Entwicklung der Lebensverhältnisse im Alter, IWD-Trends 1/2017, https://www.iwkoeln.de/fileadmin/publikationen/2017/335374/IW-Trends_02_2017_Entwicklung_der_Lebensverhaeltnisse_im_Alter.pdf, S. 123 f.
36 Bertelsmann Stiftung (Hg.): Entwicklung der Altersarmut bis 2036, Trends, Risikogruppen und Politikszenarien, Gütersloh 2017, S. 8.
37 dimap: Sachsen-Monitor 2017, Ergebnisbericht, S. 11.
38 Interview mit dem Soziologen Bernd Martens, in: Die Zeit vom 9. 5. 2018.
39 Vgl. das ihm gewidmete Kapitel in: Katrin Rohnstock (Hg.): Mein letzter Arbeitstag. Ostdeutsche Lebensläufe, Berlin 2014, S. 188 ff.
40 Wolf Wagner: Kulturschock Deutschland. Der zweite Blick, Hamburg 1999, S. 59.
41 SPD-Parteivorstand (Hg.): Zeit für mehr Gerechtigkeit. Unser Regierungsprogramm für Deutschland 2017, S. 47 f.
42 Koalitionsvertrag zwischen CDU, CSU und SPD vom 12. 3. 2018, S. 93.
43 Christoph Richter: Zu DDR-Zeiten geschiedene Frauen haben schlechte Karten, in: Deutschlandfunk am 1. 10. 2015, www.deutschlandfunk.de/versorgungsausgleich-zu-ddr-zeiten-geschiedene-frauen-haben.1769.de.html?dram:article_id=332669

44 Uta Büttner: Geschieden und vergessen, in: Sächsische Zeitung vom 12.9.2016.
45 Anja Maier: Merkels vergessene Schwestern, in: taz vom 7.9.2017.
46 Forschungsgruppe Weltanschauungen in Deutschland: Scheidungsquoten in Deutschland und der Welt, https://fowid.de/meldung/scheidungsquoten-deutschland-und-welt
47 Ausführlich dazu: Anja Schröter: Ostdeutsche Ehen vor Gericht. Scheidungspraxis im Umbruch 1980–2000, Berlin 2018, S. 352–376.
48 Christoph Richter: Zu DDR-Zeiten geschiedene Frauen haben schlechte Karten, in: Deutschlandfunk am 1.10.2015, www.deutschlandfunk.de/versorgungsausgleich-zu-ddr-zeiten-geschiedene-frauen-haben.1769.de.html?dram:article_id=332669
49 Ebenda.
50 Alternativbericht CEDAW. Bezug nehmend auf den kombinierten siebten und achten Bericht der Bundesrepublik Deutschland zum Übereinkommen der Vereinten Nationen zur Beseitigung jeder Form von Diskriminierung der Frau (CEDAW), Berlin 2016, S. 13.
51 Vgl. Uta Büttner: Geschieden und vergessen, in: Sächsische Zeitung vom 12.9.2016.
52 Alles über den Kopf, in: Der Spiegel 22/1992.
53 Vertrag zwischen der Bundesrepublik Deutschland und der Deutschen Demokratischen Republik über die Herstellung der Einheit Deutschlands vom 31.8.1990, S. 10.
54 Dieses Zitat ist einem Brief des Bundesministeriums für Arbeit und Soziales an den 87-jährigen Gewerkschafter Manfred Fischer mit dessen freundlicher Genehmigung entnommen.
55 Michael Rothe: Ist der Rentenzug für die DDR-Reichsbahner abgefahren?, in: Sächsische Zeitung vom 7.7.2017.
56 Brief des Bundeskanzleramtes an EVG-Gewerkschafter Dietmar Polster vom 6.3.2018.
57 Renate Berthold: Krankenschwestern sollen mehr Rente bekommen, in: Sächsische Zeitung vom 24.4.2003.
58 Stefan Locke: Wunden des Umbruchs, in: FAZ vom 6.1.2017.

59 Statistik: Knapp 1,2 Millionen Sachsen bekamen seit 2007 Hartz IV, in: Leipziger Volkszeitung vom 8.4.2018.
60 Rita Müller-Hilmer/Jérémie Gagné: Was verbindet, was trennt die Deutschen?, in: Forschungsförderung Nr. 2. Report der Hans-Böckler-Stiftung, Düsseldorf 2018, S. 12 und 15.
61 Kerstin Decker: Das Töpfchen und der Hass, in: Der Tagesspiegel vom 11.5.1999.
62 Gert Pickel: Warum sich viele Sachsen benachteiligt fühlen, in: Sächsische Zeitung vom 29.1.2018.
63 Olaf Kittel: Mehrheit der Sachsen fühlt sich als Bürger 2. Klasse, in: Sächsische Zeitung vom 22.1.2018.
64 Gert Pickel: Warum sich viele Sachsen abgewertet fühlen, in: Sächsische Zeitung vom 22.1.2018.
65 Ebenda.
66 Wolf Wagner: Kulturschock Deutschland, S. 154.
67 Anja Maier: Merkels vergessene Schwestern, in: taz vom 7.9.2017.
68 Wolfgang Thierse: Respekt, in: FAZ vom 5.2.2018.
69 Michael Bittner: Die Karriere einer Lüge, in: Sächsische Zeitung vom 12.1.2018.
70 Vgl. Das »kleinere Übel« gewählt. Der letzte DDR-Bildungsminister Hans Joachim Meyer im Gespräch mit Dieter Kassel, zitiert nach: http://www.deutschlandfunkkultur.de/anerkennung-aller-ddr-berufsabschluesse-im-einigungsvertrag.1008.de.html?dram:article_id=324601
71 Vgl. www.dresden.ihk.de
72 Kultusministerkonferenz: Bildungsabschlüsse der DDR: Feststellung der Gleichwertigkeit, www.kmk.org/themen/hochschulen/bildungsabschluesse-der-ddr.html
73 Kein Recht auf Umdiplomierung, in: Spiegel Online vom 24.11.2005.
74 Ebenda.
75 Torsten Kleditzsch: Vermisste Wertschätzung – der Mauerfall und die Stimmung im Osten. Interview mit Gesine Schwan, in: Freie Presse vom 5.2.2018.

76 Uschi Glas entschuldigt sich bei Ostdeutschen, klagt aber weiter an, in: Focus Online vom 9.12.2013.
77 Christian Schmidt: »Wir haben unsere eigene Geschichte«. Interview mit Juliane Dietrich von der »Dritten Generation Ost«, in: Potsdamer Neueste Nachrichten vom 10.12.2013.
78 Stefan Raab verkaufte von seiner Single mit dem Titel »Maschen-Draht-Zaun« übrigens eine Million Stück und führte mit seinem Song die Hitparade an. Die Lieferantin des Originaltons, die Auerbacher Rentnerin Regina Zindler, wurde daraufhin in ihrem Haus von Boulevardmedien belagert. Einen Kameramann beleidigte sie und musste dafür eine Geldstrafe zahlen. Irgendwann hielt sie dem psychischen Druck nicht mehr stand und verkaufte ihr Haus schließlich. Heute lebt sie in einer Berliner Plattenbauwohnung.
79 Wolf Wagner: Kulturschock Deutschland, S. 12 f.
80 Lothar Gorris: Einer von uns. Interview mit dem bulgarischen Soziologen Ivan Krastev, in: Der Spiegel 4/2018.
81 Pankaj Mishra: Das Zeitalter des Zorns, Frankfurt am Main 2017, S. 107 und 110.
82 Jens Bisky: Traumbilder vom Osten in den Farben des Westens, in: Süddeutsche Zeitung vom 9.10.2002.
83 Wieso kommen die noch?, in: Der Spiegel 8/1990.
84 Ebenda.
85 Zitiert bei Stefan Locke: Vom Ende der Sprachlosigkeit, in: FAZ vom 5.8.2017.
86 Philipp Ther: Die neue Ordnung auf dem alten Kontinent, S. 279.
87 Judith Enders, Mandy Schulze, Bianca Ely (Hg.): Wie war das für euch? Die Dritte Generation Ost im Gespräch mit ihren Eltern, Berlin 2016, S. 15.
88 Anja Staemmler in: ebenda, S. 33 f.
89 Julia Koch: Die Insel-Lösung, in: Der Spiegel vom 17.2.2007.
90 Anna Kaminsky: Frauen in der DDR, Berlin 2016, S. 255.
91 Peter Richter: Der mittelalterliche Westen, in: FAZ vom 19.2.2007.
92 Ebenda.

93 Toralf Staud: Das Missverständnis. Warum Pfeiffer und viele Ostdeutsche aneinander vorbeireden, in: Die Zeit vom 29.4.1999.
94 Christian Schmidt: Wir haben unsere eigene Geschichte. Interview mit Juliane Dietrich von der »Dritten Generation Ost«, in: Potsdamer Neueste Nachrichten vom 10.12.2013.
95 Markus Decker: Immer mehr Ostdeutsche fahren zur Arbeit in den Westen, in: Mitteldeutsche Zeitung vom 30.1.2018.
96 Martin Machowecz: Provinz voller Männer. Interview mit der Soziologin Julia Gabler, in: Die Zeit 17/2018.
97 Marc Saxer: Linke Heimat. Wie die Progressiven den Begriff Heimat für sich besetzen sollten, in: IPG-Journal 5.3.2018, http://www.ipg-journal.de/schwerpunkt-des-monats/heimat/artikel/detail/linke-heimat-2614/
98 Anne Hähnig, Martin Machowecz und Gabriel Kords: Neuer deutscher Größenwahn, in: Die Zeit 21/2017.
99 Vgl. dazu Wolf Wagner: Kulturschock Deutschland, S. 139.
100 Cornelia Koppetsch: Warum fühlen sich manche Menschen nicht mehr in Deutschland zu Hause? Interview von Katja Thimm, in: Der Spiegel 16/2018.
101 Vgl. Stefan Braun: Dieses Land wird vom Westen dominiert, in: Süddeutsche Zeitung vom 2.3.2018.
102 Michael Bluhm/Olaf Jacobs: Wer beherrscht den Osten? Ostdeutsche Eliten ein Vierteljahrhundert nach der deutschen Wiedervereinigung (Studie der Universität Leipzig in Zusammenarbeit mit dem mdr), Leipzig 2016.
103 Ebenda.
104 Steffen Mau: Ossifreie Zone, in: Die Zeit vom 12.4.2012.
105 Anne Kunz: Hier wohnen die deutschen Einkommensmillionäre, in: Die Welt vom 28.6.2017.
106 Vgl. Stefan Braun: Dieses Land wird vom Westen dominiert, in: Süddeutsche Zeitung vom 2.3.2018.
107 Rainer Land/Andreas Willisch: Ostdeutschland – ein Umbruchszenario, in: Hannes Bahrmann/Christoph Links (Hg.): Am Ziel vorbei, S. 14.
108 Gunnar Hinck: Eliten in Ostdeutschland, Berlin 2007, S. 28.

109 Vgl. Marcus Boick: Die Treuhand, S. 192 f.
110 Rainer Land/Andreas Willisch: Ostdeutschland – ein Umbruchszenario, in: Hannes Bahrmann/Christoph Links (Hg.): Am Ziel vorbei, S. 15.
111 Marcus Boick: Die Treuhand, S. 109–114.
112 Heinrich Best: Die Ausgangslage 1989/90: Elitenwechsel oder Elitenreproduktion?, in: Deutsche Gesellschaft e.V. (Hg.): Ostdeutsche Eliten, Berlin 2017, S. 38, https://www.deutsche-gesellschaft-ev.de/images/Deutsche_Gesellschaft_eV_Broschuere_Ostdeutsche_Eliten.pdf
113 Ronald Gebauer/Axel Salheiser/Lars Vogel: Bestandsaufnahme, in: Deutsche Gesellschaft e.V. (Hg.): Ostdeutsche Eliten, S. 16.
114 Michael Bluhm/Olaf Jacobs: Wer beherrscht den Osten?, S. 15.
115 Wolf Wagner: Kulturschock Deutschland, S. 163.
116 Michael Bluhm/Olaf Jacobs: Wer beherrscht den Osten?, S. 6.
117 Iris Gleicke: Vorwort (Eröffnungsrede der Tagung), in: Deutsche Gesellschaft e.V. (Hg.): Ostdeutsche Eliten, S. 8.
118 Vgl. Christoph Richter: Das Trauma der Kränkung, in: Deutschlandfunk, 9.11.2017.
119 Raj Kollmorgen: Ostdeutsche in den Eliten. Problemdimensionen und Zukunftsperspektiven, in: Deutsche Gesellschaft e.V. (Hg.): Ostdeutsche Eliten, S. 62.
120 Steffen Mau: Ossifreie Zone, in: Die Zeit vom 12.4.2012.
121 David Goodhart: »Postliberalismus« oder ein Plädoyer für einen populären Liberalismus, Berlin 2015, http://library.fes.de/pdf-files/id/ipa/12384.pdf
122 www.hochschulbildungsreport2020.de
123 Martin Spiewack: Wer schafft es nach oben?, in: Die Zeit vom 9.5.2018.
124 Ronny Freier: Vortrag über soziale Ungleichheit in Ost und West (Dialog Sozialwissenschaften FES Sachsen in Dresden), 9.3.2018.
125 Zitiert nach: Steffen Mau: Ossifreie Zone, in: Die Zeit vom 12.4.2012.
126 So Martin Dulig in einem Hintergrundpapier über die Rolle und Ziel eines Ostbeauftragten in der SPD, Dresden 2018.

127 Zitat Thomas Oberender, Intendant der Berliner Festspiele, vgl. Stefan Braun: Dieses Land wird vom Westen dominiert, in: Süddeutsche Zeitung vom 2.3.2018.
128 Gunnar Hinck: Eliten in Ostdeutschland, S. 46.
129 Sophie Herwig: Da haben wir den Salat, in: Die Zeit vom 8.7.2018.
130 Jens Bisky: Traumbilder vom Osten in den Farben des Westens, in: Süddeutsche Zeitung vom 9.10.2002.
131 Gunnar Hinck: Eliten in Ostdeutschland, S. 10 f.
132 Martin Dulig in einem Hintergrundpapier über die Rolle und Ziel eines Ostbeauftragten in der SPD, Dresden 2018.
133 Gunnar Hinck: Eliten in Ostdeutschland, S. 10 f.
134 Interview Ivan Krastev, in: Der Spiegel 4/2018.
135 Interview mit Pankaj Mishra, in: Die Zeit vom 1.7.2017, siehe: http://www.zeit.de/kultur/literatur/2017-06/pankaj-mishra-das-zeitalter-des-zorns-buch-terrorismus/seite-2
136 Vgl. Maria Timtschenko: Wut im Buch, in: Die Zeit, 23.3.2017.
137 Gunnar Hinck: Eliten in Ostdeutschland, S. 33 f.
138 Wolf Wagner: Kulturschock Deutschland Revisited, Hamburg 2006, S. 180.
139 Ebenda, S. 178 f.
140 Peter Bandermann: Nach der Drecksarbeit mit Schmutz beworfen, in: Lausitzer Rundschau vom 18.5.2018.
141 Marcus Böick: Man kann den Osten nicht mehr mit der DDR erklären, in: Süddeutsche Zeitung vom 25.6.2018.
142 Berlin-Institut für Bevölkerung und Entwicklung: So geht Einheit, Berlin 2015, S. 57, siehe: https://www.berlin-institut.org/publikationen/studien/so-geht-einheit.html
143 Marcus Böick: Man kann den Osten nicht mehr mit der DDR erklären, in: Süddeutsche Zeitung vom 25.6.2018.
144 Berlin-Institut für Bevölkerung und Entwicklung: So geht Einheit, S. 57.
145 Martin Machowecz: Ratlose Revoluzzer, in: Die Zeit vom 15.5.2014.
146 Ebenda.

147 Berlin-Institut für Bevölkerung und Entwicklung: So geht Einheit, S. 56.
148 Philipp Ther: Die neue Ordnung auf dem alten Kontinent, S. 280 f.
149 Christian Hirte im Interview mit der Sächsischen Zeitung vom 19. 3. 2018.
150 Nach der Protestwahl – wäre Jamaika die richtige Antwort?, Anne Will (ARD) vom 1. 10. 2017.
151 Peter Richter: 89/90. Roman, München 2015, S. 231.
152 Berlin-Institut für Bevölkerung und Entwicklung: So geht Einheit, S. 55.
153 dimap: Sachsen-Monitor 2017, Tabellenband, S. 53, 29 und 47.
154 Vgl. Jessica Brautzsch: Wahrheitskommission. Treuhand-Vergangenheit soll aufgearbeitet werden, mdr vom 10. 7. 2018.
155 Ebenda.
156 Gunnar Hinck: Eliten in Ostdeutschland, S. 10 f.
157 Markus Decker: Ich bin wieder der Wessi, in: Die Zeit vom 19. 3. 2018.
158 Mareike Meyer / Denise Frommeyer: Ossi-Kommentar sorgt für Aufruhr, in: Frankfurter Rundschau vom 11. 9. 2015.
159 Interview mit Naika Foroutan: Ostdeutsche sind auch Migranten, in: taz vom 13. 5. 2018.
160 Ralph Bollmann: Migranten im eigenen Land, in: FAZ vom 3. 10. 2017.
161 Jagoda Marinić: Wir sind alle Immigranten, in: Süddeutsche Zeitung vom 21. 4. 2018.
162 Simon Strauss: Ist die Mauer wieder da?, in: FAZ vom 12. 3. 2018.
163 Jagoda Marinić: Wir sind alle Immigranten, in: Süddeutsche Zeitung vom 21. 4. 2018.
164 Raj Kollmorgen: Diskurse der deutschen Einheit, in: Aus Politik und Zeitgeschichte 30-31 / 2010, S. 7.
165 Ebenda.
166 Daniel Stahl: Bericht der chilenischen Wahrheitskommission, in: Quellen zur Geschichte der Menschenrechte, hg. vom Arbeitskreis Menschenrechte im 20. Jahrhundert, Mai 2015, siehe:

https://www.geschichte-menschenrechte.de/bericht-der-chilenischen-wahrheitskommission/?type=98765

167 Bertelsmann Stiftung (Hg.): Entwicklung der Altersarmut bis 2036.
168 Vgl. Markus Decker: Ostdeutsche an die Spitze, in: Frankfurter Rundschau vom 12.6.2018.
169 Jagoda Marinić: Wir sind alle Immigranten, in: Süddeutsche Zeitung vom 21.4.2018.
170 https://www.sz-online.de/sachsen/knapp-12-millionen-sachsen-bekamen-seit-2007-hartz-iv--3912864.html
171 Gunnar Hinck: Eliten in Ostdeutschland, S. 41.
172 Staatsdienst droht Fachkräftemangel. Sachsen will gegensteuern, in: Sächsische Zeitung vom 12.12.2016.
173 Der Mittelwert der Einkommen des reichsten ein Prozents der Bevölkerung im Osten sind 186 870 Euro, in Deutschland insgesamt aber 350 423 Euro. Vortrag von Ronny Freier, DIW, bei einer Veranstaltung der Friedrich-Ebert-Stiftung am 9.3.2018 in Dresden.
174 https://de.statista.com/statistik/daten/studie/216825/umfrage/erbschaftsteueraufkomen-pro-kopf-nach-bundeslaendern/
175 Marcel Fratzscher: Mehr Freiheit fördern, in: Die Zeit vom 23.6.2017.
176 Michael Müller: Zeit für eine neue soziale Agenda, in: Vorwärts vom 4.3.2018.
177 Kolja Rudzio: Das solidarische ... was?, in: Die Zeit vom 4.4.2018, vgl. Stefan Bach/Jürgen Schupp: Fiskalische Wirkungen eines Solidarischen Grundeinkommens, in: DIW aktuell Nr. 8 – 12, Februar 2018.
178 Marc Saxer: Linke Heimat. Wie die Progressiven den Begriff Heimat für sich besetzen sollten, in: IPG-Journal, 5.3.2018, http://www.ipg-journal.de/schwerpunkt-des-monats/heimat/artikel/detail/linke-heimat-2614/
179 Felicitas Belok/Rainer Faus: Kartografie der politischen Landschaft in Deutschland. Die wichtigsten Ergebnisse für Ostdeutschland (Hg. Friedrich-Ebert-Stiftung), Berlin 2017, http://library.fes.de/pdf-files/dialog/13378.pdf

180 Erich Kästner: Rede auf der PEN-Tagung 1958 zum 25. Jahrestag der Bücherverbrennung, https://natune.net/zitate/zitat/638
181 Interview mit Charly Hübner, in: Musikexpress, 16.4.2018.

Literaturverzeichnis

Bahrmann, Hannes / Christoph Links (Hg.): Am Ziel vorbei. Die deutsche Einheit – eine Zwischenbilanz, Berlin 2005

Belok, Felicitas / Rainer Faus: Kartografie der politischen Landschaft in Deutschland. Die wichtigsten Ergebnisse für Ostdeutschland (Hg. Friedrich-Ebert-Stiftung), Berlin 2017, http://library.fes.de/pdf-files/dialog/13378.pdf

Berlin-Institut für Bevölkerung und Entwicklung: So geht Einheit. Wie weit das einst geteilte Deutschland zusammengewachsen ist, Berlin 2015, https://www.berlin-institut.org/publikationen/studien/so-geht-einheit.html

Bertelsmann Stiftung (Hg.): Entwicklung der Altersarmut bis 2036. Trends, Risikogruppen und Politikszenarien, Gütersloh 2017

Bluhm, Michael / Olaf Jacobs: Wer beherrscht den Osten? Ostdeutsche Eliten ein Vierteljahrhundert nach der deutschen Wiedervereinigung (Studie der Universität Leipzig in Zusammenarbeit mit dem mdr), Leipzig 2016

Böick, Marcus: Die Treuhand. Idee – Praxis – Erfahrung 1990–1994, Göttingen 2018

CEDAW: Alternativbericht. Bezug nehmend auf den kombinierten siebten und achten Bericht der Bundesrepublik Deutschland zum Übereinkommen der Vereinten Nationen zur Beseitigung jeder Form von Diskriminierung der Frau (CEDAW), Berlin 2016

Deutsche Gesellschaft e. V. (Hg.): Ostdeutsche Eliten. Träume, Wirklichkeiten und Perspektiven, Berlin 2017, https://www.deutsche-gesellschaft-ev.de/images/veranstaltungen/konferenzen-tagungen/2017-pb-ostdeutsche-eliten/Deutsche_Gesellschaft_eV_Broschuere_Ostdeutsche_Eliten.pdf

Enders, Judith / Mandy Schulze / Bianca Ely (Hg.): Wie war das für euch? Die Dritte Generation Ost im Gespräch mit ihren Eltern, Berlin 2016

Goodhart, David: »Postliberalismus« oder ein Plädoyer für einen populären Liberalismus, Berlin 2015, http://library.fes.de/pdf-files/id/ipa/12384.pdf

Goschler, Constantin / Marcus Böick: Wahrnehmung und Bewertung der Arbeit der Treuhandanstalt (Studie im Auftrag des Bundesministeriums für Wirtschaft und Energie), Bochum 2017, http://www.bmwi.de/Redaktion/DE/Publikationen/Studien/wahrnehmung-bewertung-der-arbeit-der-treuhandanstalt-lang.pdf?__blob=publicationFile&v=22

Hacker, Michael / Stephanie Maiwald / Johannes Staemmler / Judith Enders / Adriana Lettrari / Hagen Pietzcker / Henrik Schober / Mandy Schulze (Hg.): Dritte Generation Ost. Wer wir sind, was wir wollen, Berlin 2012

Hinck, Gunnar: Eliten in Ostdeutschland. Warum den Managern der Aufbruch nicht gelingt, Berlin 2007

Kaminsky, Anna: Frauen in der DDR, Berlin 2016

Mishra, Pankaj: Das Zeitalter des Zorns. Eine Geschichte der Gegenwart, Frankfurt am Main 2017

Richter, Peter: 89 / 90. Roman, München 2015

Rohnstock, Katrin (Hg.): Mein letzter Arbeitstag. Abgewickelt nach 89 / 90. Ostdeutsche Lebensläufe, Berlin 2014

Schröter, Anja: Ostdeutsche Ehen vor Gericht. Scheidungspraxis im Umbruch 1980 – 2000, Berlin 2018

SPD-Parteivorstand (Hg.): Zeit für mehr Gerechtigkeit. Unser Regierungsprogramm für Deutschland 2017

Ther, Philipp: Die neue Ordnung auf dem alten Kontinent. Eine Geschichte des neoliberalen Europa, Berlin 2014

Vertrag zwischen der Bundesrepublik Deutschland und der Deutschen Demokratischen Republik über die Herstellung der Einheit Deutschlands vom 31. 8. 1990, Berlin 1990

Wagner, Wolf: Kulturschock Deutschland. Der zweite Blick, Hamburg 1999

Wagner, Wolf: Kulturschock Deutschland Revisited, Hamburg 2006

Angaben zur Autorin

© Pötzsch / SMGI

Petra Köpping
Jahrgang 1958, Mitarbeiterin im Rat des Kreises Grimma, 1980 – 85 Fernstudium der Staats- und Rechtswissenschaften, 1989 – 90 Bürgermeisterin der Gemeinde Großpösna (Landkreis Leipzig), 1990 – 94 Außendienstmitarbeiterin der Deutschen Angestellten-Krankenkasse, 1994 – 2001 erneut Bürgermeisterin in Großpösna, 2001 – 2008 Landrätin im Altlandkreis Leipziger Land; seit 2009 Mitglied des Sächsischen Landtags für die SPD und seit Herbst 2014 Sächsische Staatsministerin für Gleichstellung und Integration.

Markus Decker

**Was ich dir immer
schon mal sagen wollte**

Ost-West-Gespräche

Broschur
288 Seiten, 15 Abbildungen
ISBN 978-3-86153-846-2
18,00 € (D); 18,50 € (A)

»Nein, es ist nicht langweilig, wenn Ost- und Westdeutsche miteinander über ihr Immer-noch-Verschiedensein sprechen und über ihr Schon-ziemlich-Gleichsein. Es müssen nur die richtigen Wessis und Ossis sein. 25 Jahre nach der deutschen Wiedervereinigung will niemand mehr etwas über Klischees wie Töpfchen-Training oder Busch-Zulage lesen. Das heißt jedoch nicht, dass einem die Gesprächsthemen schon ausgehen, wie man in ›Was ich dir immer schon mal sagen wollte‹ gleichermaßen unterhaltsam wie lehrreich nachlesen kann.«

n-tv

www.christoph-links-verlag.de

Judith C. Enders,
Mandy Schulze,
Bianca Ely (Hg.)
Wie war das für euch?
Die Dritte Generation Ost im Gespräch mit ihren Eltern

Broschur
240 Seiten, 8 Abbildungen
ISBN 978-3-86153-916-2
18,00 € (D); 18,50 € (A)

Fast drei Jahrzehnte nach der Wende sucht die Dritte Generation Ost – 2,4 Millionen in der DDR geborene Menschen – den Dialog mit den Eltern. Sie stellen die Fragen, die sie schon immer stellen wollten, für die es bisher keinen Raum oder keine Gelegenheit gab: Wolltet ihr auch weg? Habt ihr eigene Erfahrungen mit der Stasi gemacht? Wie ging das mit der Vereinbarkeit von Kindern und Karriere?
Die Autorinnen und Autoren berichten von ihren Gesprächserfahrungen, von Hürden und Bereicherungen, von der anhaltenden Suche nach Antworten. Und sie beschreiben, wie es ist, wenn geschwiegen wird. Ein vielstimmiges Lesestück – authentisch, aufwühlend, anregend!

www.christoph-links-verlag.de

Anna Kaminsky
Frauen in der DDR

2. Auflage, Broschur
320 Seiten, 72 Abbildungen
ISBN 978-3-86153-978-0
20,00 € (D); 20,60 € (A)

»Vorzüglich und gut lesbar!« *FAZ*

»Es ist das Verdienst dieses Buches, das Missverhältnis zwischen Anspruch und Wirklichkeit der Gleichberechtigung in der DDR aufzudecken.«

Deutschlandfunk

»Wer noch immer glaubt, von der DDR könnte man lernen, wie das mit der Gleichberchtigung geht, sollte das Buch von Anna Kaminsky über die Frauen in der DDR lesen.«

rbb

www.christoph-links-verlag.de

Ed Stuhler

Die letzten Monate der DDR

Die Regierung de Maizière und ihr Weg zur deutschen Einheit

Festeinband mit Schutzumschlag
248 Seiten, 74 Abbildungen
ISBN 978-3-86153-570-6
10,00 € (D); 10,30 € (A)

»Ein sehr lesenswertes, informatives, mitunter auch komisches Buch über Menschen, die für Momente Weltgeschichte schrieben.«

Deutschlandfunk

»Das Buch über ›Die letzten Monate der DDR‹ liest sich zum Teil wie ein Erlebnisbericht ziemlich gewöhnlicher Mitbürger, die ein revolutionärer Zufall – oder war es nur ein Zusammenbruch? - in die Politik gespült hat. Zum anderen ist es ein nützliches Handbuch zum Thema ›Was macht Politik aus Menschen?‹«

Süddeutsche Zeitung

www.christoph-links-verlag.de